魚《うお》柄《つか》仁《じん》之《の》助《すけ》

# 魚でつくる絶品つまみ

人生が楽しくなる86の肴と29の銘酒

毎日新聞社

## はじめに

一日が終わった後、みなさんはどんなシメをしていますか？　イヤな出来事があった時、楽しい時間が過ごせた時、毎日、いろいろなことがあるけれど、明日からまた頑張ろう！　そんな気持ちでおいしいお酒と料理を味わえたら、きっと人生は楽しく晴れやかになります。

この本は、そんな幸せな一日の終わりを迎えるための、酒のつまみのレシピ集です。

僕は北九州市の出身ですが、生家は大正時代から続く料理屋で、物心ついてからずっと、魚の料理を作り続けてきました。

魚は刺し身にしたり、焼いたり、蒸したりするだけでなく、干したり燻製にしたり、保温調理をするなど、ほんのひと工夫をするだけで、爆発的においしくなります。

一人でしみじみ食べるもよし、誰かにふるまってもよし。

日本人と生まれたからには、魚をもっともっとおいしく食べてみようではありませんか？

レシピは、たったの３ステップ。

魚を最もおいしく手軽に食べるための簡単な調理法を、わかりやすく紹介しています。

調味料や材料の分量はあえて掲載せず、いちいち計らなくてもいいように「目分量」で調理できる内容にしました。

また、全国の蔵元を回ってきた経験をもとに、今だからこそ飲みたい日本全国各地の極上の厳選銘酒も併せて掲載しています。

人生が楽しくなる我が家の定番の味を、ぜひ見つけてください。

２０１５年初春

魚柄仁之助

目次

## 燻製、干物



## 蒸し物



## 揚げ物

## あえ物、浸し、湯引き



## 鍋



## アレンジ

## ご飯、めん

# カマスの一夜干し

自分で開けば旨みがいっぱい

1 カマスを背開きにする。

2 背開きにしたカマスに塩をふる。

3 一晩、外干しにしてから、網か魚焼きグリルで焼く。

ポイント カマスを干す時は干し網などを使って虫除けを。

材料　◎カマス　◎塩

# たらこのピンクキャビア

洋風だが日本酒にも合うキャビアもどきの肴

1 たらこをスプーンでほぐす。

2 **1**とたらこの3分の1量のサワークリーム、ガーリックパウダーを練り合わせる。

3 **2**を、バゲットまたはクラッカーに塗る。

**ポイント** おいしく食べるには、食す直前に作ったペーストをバゲットやクラッカーにのせること。

材料　◎たらこ　◎サワークリーム　◎ガーリックパウダー
◎バゲットまたはクラッカー

# ゆで魚のあんかけ

食感ころころ、2種の魚のおいしい競演

1 タラとサワラは骨を取って、サイコロ型に切り、ゆでる。

2 **1**が煮立ったらみりん50cc、しょう油5cc、片栗粉5ccを合わせてあんを作り、まわし入れる。

3 小鉢に盛りつけ、ユズの皮を細切りにして散らす。

ポイント あんは、ゆっくりかけまわすこと。ユズの皮は食べる直前に散らそう。



材料 ◎タラの切り身 ◎サワラの切り身 ◎ユズの皮 ◎みりん ◎しょう油 ◎片栗粉

# 小鯛の梅酢じめ

赤い梅酢で、刺し身をほんのり桜色に

1 三枚におろした小鯛の身を、ひたひたの梅酢に一晩漬けておく。

2 1の小鯛を梅酢から引き上げ、爪で皮をむき、細く切る。皮は頭のほうからむく。

3 細切り大根、ニンジンを塩でもむ。1時間くらいおいておくとしんなりするので、水気をしぼる。ワケギは熱湯でさっとゆでてから冷水にとり、よくしぼってから盛りつけること。

ポイント 梅干しを漬けた時にできる梅酢は、販売もされている。

材料 ◎小鯛 ◎梅酢 ◎大根 ◎ニンジン ◎ワケギ ◎塩

# イカの塩辛

イカを丸ごと肴に

1. 肝袋を下足《げそ》から切り離し、包丁で小さくたたく。目、くちばしを取り除き、その身もたたく。

2. 親指の爪で下足の吸盤をとり、水洗いしたら、包丁で小さくたたく。

3. **1**の肝に半量のみそを加え、**2**の下足も合わせてよくかきまぜる。最後にユズコショウを微量加える。

**ポイント** スルメイカの胴は刺し身で食べ、下足と肝は塩辛に。1杯分の下足と肝だけで、写真の3倍量の塩辛が作れる。



**材料**　◎スルメイカ　◎みそ　◎ユズコショウ

# アジの練りたたき

まるでとろけるような「パテ」

1 アジを薄刃で三枚におろしたら、皮をむく。中骨をなぞるように包丁を前後させれば、簡単に三枚おろしができる。

2 **1**をショウガ、ネギとともにみじん切りにし、包丁で一緒に小さくたたく。小骨も一緒にたたく。

3 ペトペトになったら、包丁の腹で押さえるようにして練り、たたき、練る。繰り返して、ねばりがでたら、大葉にのせる。

ポイント 正確に言うと、これは「たたき」ではない。言わばこれはパテ。刺し身のようなかみごたえはないが、ねばりのあるとろけるようなパテになる。トビウオでもできるので、初夏の肴に。

材料　◎アジ　◎ショウガ　◎ネギ　◎大葉

# トビウオの板昆布巻き

目に青葉、初夏においしい

1 トビウオを三枚におろして、腹の小骨を毛抜きで抜く。その後、皮を爪でつまんで、しっぽのほうに向かってむく。

2 **1**の身に薄塩をふり、並べた板昆布にのせて、ノリ巻きのようにきっちりと巻く。そのまま一晩、冷蔵庫で冷やす。

3 よく切れる包丁で、押さえつけずに切る。包丁をゆっくり前後させると、身くずれせずに切れる。

ポイント サクどりした身を2枚重ねると、このような太巻きになるが、細い身を巻いて食べるのもオススメ。三枚おろしができない人でも、サクどりした白身魚ならすぐに作れる。



材料 ◎トビウオ ◎バッテラ用板昆布 ◎塩

# 赤貝の水貝

赤貝は実はヒモがおいしい

1 洋食用ナイフでカラを開ける。

2 ヒモをとり、身を半分に切る。身の中の肝は、スプーンでとり、酒蒸しにする。

3 身をたっぷりの塩でもみ、よごれを取り、流水で洗う。水気をふいたら、貝に切れ目を入れる。

ポイント 赤貝ははじっこを少し割り、洋食用ナイフをカラの内側にそってねじ込めば、貝柱が切れ、簡単に開く。

材料 ◎赤貝 ◎ワカメ ◎塩 ◎酒

# 海老の黄身酢みそ

彩り豊か。おもてなし肴にも

1 海老は殻付きのまま、竹串を刺し、熱湯に入れる。約30秒でゆであがるので、すぐに殻をむく。

2 卵の黄身とみそと酢をよく混ぜてから湯せんにかけ、黄身酢を作る。木ベラでかき混ぜ続けると、トローリとねばってくる。

3 海老を開く。腹の側から包丁を入れ、開きにし、**2**をのせる。

**ポイント** 黄身酢はまさに日本マヨネーズ。トローリとした黄身酢にみそを加えると、なんともいえぬ味わいのソースになる。

**材料** ◎無頭海老 ◎卵の黄身 ◎みそ ◎酢

# アラの吸い物

ユズとネギの香りが鼻腔をくすぐる

1　アラは水洗いし、水気をよくきってザルに並べ、うっすらと塩をふる。20分ほどおいておく。

2　水、昆布、酒を沸とうさせる。沸とうしたら昆布を引き上げ、弱火にし、塩味をつける。

3　塩を水で洗ったアラを入れ、再び沸とうしてきたらふたをして火からおろし、バスタオルで包んで10分保温調理。ユズをしぼって、ネギを散らす。

ポイント　保温調理は64ページを参照。

材料　◎魚のアラ　◎昆布　◎ネギ　◎ユズ　◎酒　◎塩

# スズキの氷じめ

氷で魚をしめるとおいしくなる

1

魚を横に置き、左側から薄く刺し身にひく。刺し身包丁でなくてもできるけど、とにかくよく包丁を研いでからひくこと。

2

鉢に氷水をはり、ひいた刺し身を入れる。菜箸でユルユルとかきまぜて、5～10分ほど、おいておく。

3

一度、ザルに引き上げて水気をきったら、乾いたフキンにとって、十分に水気をとる。

ポイント　器も冷やしておくとさらによい。料理屋さんでやっているように、強烈な水流で刺し身を洗濯機にかけるような洗い方をせずとも、刺し身用にサク取りしたスズキや鯛を氷水で静かにしめることもできる。包丁の研ぎ方は44ページを参照。



材料　◎刺し身用サク取りスズキ　◎しょう油またはポン酢

# スズキの昆布じめ

塩と昆布で魚の身が引き締まる

1 うまく重なるようにスズキの厚みを真半分に切る。塩は少なめ、全体に均一にふる。

2 塩をふった面同士で昆布をはさみ、清潔なフキンかラップでくるみ、冷蔵庫で6～24時間おく。

3 塩と昆布で身がよくしまっているので、薄くひいたほうが食べやすい。そぎ切りにする。

**ポイント** 代表的な「奉書焼き」もスズキ料理の傑作。でも「洗い」「氷じめ」「昆布じめ」もよく合う。サク取りしてあるスズキの身でも昆布じめにすると、味もワンランク上がる。

材料　◎刺し身用サク取りスズキ　◎昆布　◎塩

# マグロの焼き漬け

焼いて漬けて豪華な一品に

1 仕上がりが写真のように、サイコロ状になるような幅に、ひとサクを三つぐらいに棒状に切り分ける。4面とも強火で表面だけをあぶる。

2 しょう油とみりんを2対1の割合で鍋に入れ、昆布4センチぐらいを加えて弱火にかける。

3 沸とう後、5分で火からおろし、十分に冷ましマグロにかけ回す。

**ポイント** 料理が残ったら、漬け汁をかけながら鉄板焼きにしてもうまい。本マグロに比べたら、いささか頼りなさげなメバチマグロも、表面をあぶってから漬け汁に漬けると、これまた別のおいしさになる。

材料　◎刺し身用サク取りメバチマグロ　◎みりん　◎しょう油　◎昆布

# 真鯛の松笠造り

「松笠造り」を覚えれば料亭の味もお手のもの

1

真鯛を三枚におろす。中骨をなぞるように、包丁のきっ先で何度も引けばおろせる。

2

おろした身の中心線にそって骨があるので、毛抜きで抜く。

3

中心線にそって二つに切り分け、皮目に熱湯をかける。皮が縮れたらすぐに流水で冷まし、水気をふきとる。

ポイント　皮付き刺し身は皮がうまい。しょう油やポン酢を添えてもよい。

材料　◎真鯛の活き〆め

# シメサバ

人気の肴にもラクラク挑戦！

1
バットに昆布と酢を入れる。解凍したサバを二枚におろし、頭と腹骨のあるところを切り取り、皮を上にしてバットの昆布酢に漬ける。

2
10～20分で酢から上げ、身の中心線を指でさぐり、骨を毛抜きで抜く。身くずれせぬよう、左手で身を押さえる。

3
身をしっかりと押さえ、爪でうす皮をつまんでむく。身の左側から食べやすい大きさにそぎ切りにする。

ポイント 大根のつまや海草を隣に盛りつけてしまうと、せっかくのシメサバが水っぽくなってしまうので要注意。



材料 ◎冷凍塩サバ ◎昆布 ◎酢

# アジのみそ煮

クセがなくて食べやすい

1 アジのゼイゴを取り、頭を含めて四等分に、筒切りにする。内臓、頭部のエラを取り除き、水洗いして血を抜く。

2 酒、昆布、薄切りのショウガ、すりゴマ、みそ、みりんと水を火にかけ、沸とう後、弱火で5分くらい煮て、煮汁を作る。

3 アジを入れ、ふたをして、弱火のまま5分煮たら火からおろし、鍋をバスタオルで包んで15分保温調理。

ポイント 食べる時にお好みで細切りのネギを添え、粉サンショウをふる。保温調理は64ページを参照。

材料 ◎アジ ◎ショウガ ◎昆布 ◎すりゴマ ◎ネギ ◎みりん ◎みそ ◎粉サンショウ ◎酒

# アラ煮

スズキ以外でもどんな魚もおいしく作れる

1
スズキのアラは軽く塩をふり、1時間くらいおいてから塩を洗う。鍋に昆布、水8〜10にみりんとしょう油1対2を入れて、沸とうさせて煮汁を作る。

2
沸とうしたら最弱火にして、アラを入れる。煮汁にまんべんなくひたるよう、上下を入れ替える。

3
再び沸とうし始めたら、ふたをして火からおろし、鍋全体をバスタオルなどで包んで20分間保温調理する。

ポイント 一見、生の魚のように見えるが、どっこいアラによく味がしみている。保温調理ならではの滋味がたまらない。保温調理は64ページを参照。

材料　◎スズキのアラ　◎塩　◎しょう油　◎みりん　◎昆布

# アサリの甘辛煮

「鬼平犯科帳」にも登場する「ザ・江戸の肴」

1

土鍋に切り昆布、みそ、みりん、水を入れて30分おくと、切り昆布が戻る。それから弱火にかけて沸とうさせる。

2

**1**にザク切りのネギ、その上にアサリを加える。ふたをして弱火のまま7〜8分煮る。

3

火をやや強くし、ふたをとって焦げないようにかきまぜながら、少し水気をとばす。その後、火からおろし、ふたをして5分おく。

**ポイント** 焦げないようにかきまぜると、おいしくできる。切り昆布を土鍋で戻すことで、だしが簡単にとれる。



**材料**　◎アサリのむき身　◎切り昆布（乾燥）　◎ネギ　◎みそ　◎みりん

# 干ダラの甘辛煮

サンショウがピリリと利いておいしい

1 干《ひ》ダラを水に漬けて戻す。干し方によって戻す時間に違いが出るが、だいたい一晩でOK。硬い物でも一昼夜。

2 干ダラを切って鍋に入れる。キッチンバサミを使うと楽。材料をすべて入れ、水をたっぷり張って火にかける。

3 弱火で水気がなくなるまで煮詰める。

**ポイント** とことん煮詰めると保存性のよい佃煮になる。こまかく刻めば、お茶漬けの具にも。干ダラは乾物を扱っている店やネットで購入可能。

材料 ◎干ダラ ◎しょう油 ◎酒 ◎サンショウの実 ◎プルーン ◎ハチミツ ◎酢

# 穴子の雲竜巻き

おもてなしの格が上がる

1 穴子の皮目を下にし、小麦粉を身にすり込んでから巻き、楊枝を刺して留める。

2 フライパンに水少々、しょう油、酒、ハチミツ（または砂糖）で甘辛い煮汁を作り、巻いた穴子を入れて火にかけ煮詰める。

3 焦げぬよう、フライパンをゆすりながら、煮汁がなくなりそうなくらいまでとことん煮詰める。

ポイント 切り口が白っぽくて薄味のように見えるが、表面とぐるぐる巻いたところの小麦粉に甘辛い煮汁がしみていておいしい。



材料 ◎開いた穴子 ◎小麦粉 ◎しょう油 ◎酒 ◎ハチミツまたは砂糖

# 金目鯛のかぶと煮

大根に味がしみてたまらぬうまさ

1 ウロコを引く。水の中でやると飛び散らない。頭の先端に向けてウロコ引きを動かして引く。

2 鍋底に昆布を敷き、水、みりん、しょう油で甘辛い煮汁を作る。大根を入れ、沸とう後弱火で15分煮る。

3 金目鯛の頭を煮汁に浸るように入れ、ふたをして弱火で5分。鍋をおろしてバスタオルで包んで15分おいて保温調理。

ポイント 保温調理は64ページを参照。

材料　◎金目鯛の頭　◎大根　◎昆布　◎しょう油　◎みりん

# ブリのアラ煮

「みそ+ショウガ」は体を温める

1 ブリのアラをザルに入れ、熱湯をゆっくりかけまわして、臭みをとる。

2 鍋に水と昆布、ショウガを入れ、煮立ったところで弱火にし、みりん、みそでやや濃いめに味つけする。

3 アラを入れてふたをし、沸き上がって2分たったら火からおろし、鍋をバスタオルで包んで20分おいて保温調理。

ポイント ブリはトロンとしてうまいが、実はショウガ自体もうまい。アラ煮といえば一般的にはしょう油味が主流だが、体が温まる「みそ+ショウガ」もオススメ。



材料　◎ブリのアラ　◎昆布　◎ショウガ　◎みりん　◎みそ

# ねぎま焼き

鶏ではなくマグロのアラで定番のおつまみ

1 マグロのアラとネギを同じ大きさに切って竹串に刺す。

2 網で焼く。魚焼きグリルでもOK。後でかんずりを塗るので、塩は薄くふっておく。

3 ほぼ焼き上がった頃、かんずりを塗って軽くあぶる。かんずりがない場合は塩をふる。

ポイント アラは筋、繊維と直角に包丁を入れると食べやすい。

材料　◎マグロのアラ　◎ネギ　◎塩　◎かんずり

# タラのムニエル

酒がほんのり香る

1

生タラの場合は、塩をふって30分おく。甘塩タラは塩をふらなくてもよい。

2

タラに小麦粉をつける。フライパンにニンニクをつけ込んだ油を多めに敷き、タラの片面を中火でサッと焼く。

3

**2**にぐいのみ1杯ぶんの酒をそそいで、すぐにふたをし、中火で3〜4分。時々、フライパンをゆすり、焦がさぬように蒸し焼きにする。

ポイント　ニンニクがない時は、油だけでも大丈夫。

材料　◎タラの切り身　◎小麦粉　◎塩　◎ニンニク　◎油　◎酒

# サワラの粕漬け

酒粕に漬け込むとすこぶる味がよくなる

1 サワラの両面にパラパラ塩をふる。塩をふったら、できれば一晩そのままに。みりんや酒でゆるめた酒粕に漬け込む。

2 どんなに早く食べたくても、一昼夜は漬け込むこと。このまま1週間たっても大丈夫。

3 粕をぬぐって直火焼き。多少、粕が残っても気にしない。焼き網でも魚焼きグリルでも焼ける。

ポイント 魚焼きグリルなら弱火。直火なら遠火で。

焼き物

材料　◎サワラの切り身　◎塩　◎みりんや酒でゆるめた酒粕

# アジの香味焼き

味つけも加熱も中華鍋の中でOK

1

アジは片側5カ所くらい中骨近くまで切れ目を入れて、味をしみやすくする。ウロコは包丁の背でこすって取る。

2

おろしたニンニク、昆布、しょう油、みりん、酒を中華鍋に入れ、アジを15分漬け、一度裏返してまた15分漬けておく。

3

ふたをして中火で5分。ふたを取り、アジを裏返して、漬けダレが煮つまるまで焼く。最後は弱火で。

ポイント　ウロコは簡単に取っておく。味つけも加熱も中華鍋の中でOK。グリルを汚さず、煙も出ず。アジには切れ目を入れるだけだから、包丁がない人はカッターでも大丈夫。

材料　◎アジ　◎ニンニク　◎昆布　◎しょう油　◎みりん　◎酒

# カワハギのみそ漬け

## 薄味の「みりんみそ」で塩分大幅カット

1
カワハギは、中骨の上をなぞるように包丁で切る。片身をおろしたら、裏返して同じようにして、三枚におろす。

2
丸1日、干す。塩もなにもせずに一昼夜干すと、水分が抜けてペッチャンコになる。

3
みそに少量のみりんを加えたみりんみそに、一晩漬ける。みりんみそはあまり多くなくても、十分に味がつく。焼き網か魚焼きグリルで焼く。

ポイント　焼いたカワハギに残ったちょっと焦げたみそが、酒のアテとして本当にうまい。ご飯にも合う。

焼き物

材料　◎カワハギ　◎みそ　◎みりん

# ホタテのウニ焼き

モチ焼き網を使ってホクホクのおいしさ

1 ホタテを水洗いした後、水気をきってから、縦横に包丁で中ほどまで切れ目を入れる。裏まで切らぬように。

2 練りウニを塗る。バジルソースを塗るバージョンも作り、彩り鮮やかに。

3 下に鉄板の付いた魚焼き網の上に、モチ焼き網をのせて焼く。モチ焼き網を直火にかけるのは×。

**ポイント** 練りウニやバジルソースを塗る時は、表面だけでなく、切れ目の中までたっぷり塗る。ハケより、洋食用のナイフのほうが塗りやすい。

**材料** ◎生食用のホタテ ◎瓶詰練りウニ ◎バジルソース

# トビウオの蒲焼き

肴にもメインのおかずにも

1

卵と同量の小麦粉を混ぜて衣を作る。水は加えず、よく練る。トビウオを三枚におろして、片身を三等分に。

2

フライパンにやや多めの油を熱し、身のほうにだけ衣を付けたトビウオを入れて、揚げるように焼く。

3

1対1の割合のみりんしょう油を何度も塗る。焦げぬよう弱火で、フライパンをゆすりながら塗る。

ポイント

夏場、トビウオが旬で安価になった時が狙い目。

材料　◎トビウオ　◎卵　◎小麦粉　◎油　◎みりん　◎しょう油

# 漬けの鉄板焼き

刺し身とも焼きガツオとも違う

1 しょう油とみりんは3対1。切った昆布を入れて30分おいておき、漬けダレを用意する。

2 カツオを1センチ幅に切って、漬けダレに30分間漬ける。

3 熱したフライパンに引き上げたカツオを載せ、すぐに裏返し、皿にとる。焼くのは2秒くらい。好みで大根おろしを添え、ネギの小口切りを散らす。

ポイント くれぐれも焼きすぎは禁物。



材料 ◎サク取りのカツオ ◎昆布 ◎みりん ◎しょう油 ◎万能ネギ ◎大根

# マグロのステーキ

ドコサヘキサエン酸と鉄分でヘルシー

1 マグロのアラをしょう油と酒が1対1のタレにおろしショウガとともに漬けこむ。1〜1時間30分漬けておく。

2 中火のフライパンで油は敷かず、1の表と裏を焼く。しっかり火を通したい人はふたを。レアやミディアムが好きな人はふたなしで。

3 焼きたてを包丁で切る。アラには骨があったりするので、食べやすい大きさに切ってから盛りつける。

ポイント 大根おろしは、軽くしぼったもの。これをアツアツのステーキにのせてパクッとやると、魚臭さがほとんど気にならない。マグロのトロや赤身より、アラのほうがよく合う。

材料 ◎マグロのアラ ◎ショウガ ◎しょう油 ◎酒 ◎大根

# 太刀魚のバター焼き

レモンの香りが匂いたつ

1 フライパンにたっぷりのバターを溶かし、小麦粉をまぶした太刀魚を入れ、両面とも色づく程度に焼く。

2 お玉七分目の水か酒を入れてふたをし、中火で5～7分蒸し焼きにする。

3 太刀魚を取り出した後のフライパンに、レモン2分の1をしぼって焦げぬようかき混ぜながら、半量まで煮詰めて、レモンソースを作る。**2**の太刀魚にかける。

ポイント　レモンたっぷりのソースにすれば、油っぽさが消える。あっさりしたバター焼きはやみつきになる味。

焼き物

材料　◎太刀魚の切り身　◎バター　◎レモン　◎小麦粉　◎酒

コラム❶

習慣にすると楽しくなる!

# 包丁を研ぐだけで料理の腕は上がる

切れない包丁を使っていては、魚はおいしく仕上がらない。すぐにマスターできるこの研ぎ方で、切れ味をワンランク上げよう!

## ●準備

3分以上、砥石を水につけておく。

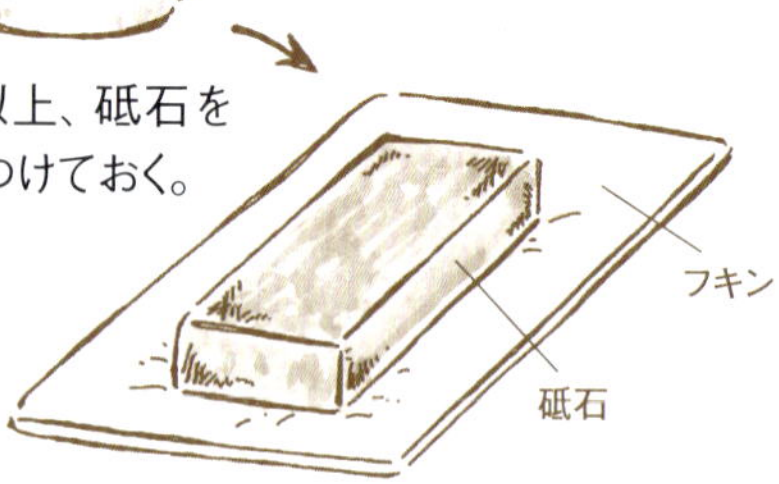


フキンの上に砥石をのせる。

Ⓐ菜切り包丁や洋包丁など。

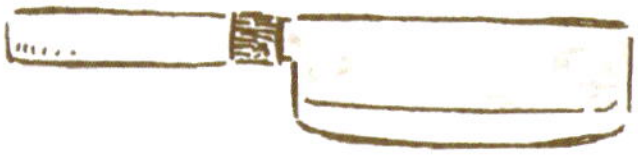

こちら側を「表」と呼ぶ。

Ⓐ両刃

Ⓑ出刃包丁や刺し身包丁など。

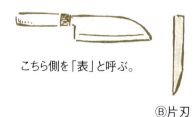

こちら側を「表」と呼ぶ。

Ⓑ片刃

## ●研ぎ方

**1**

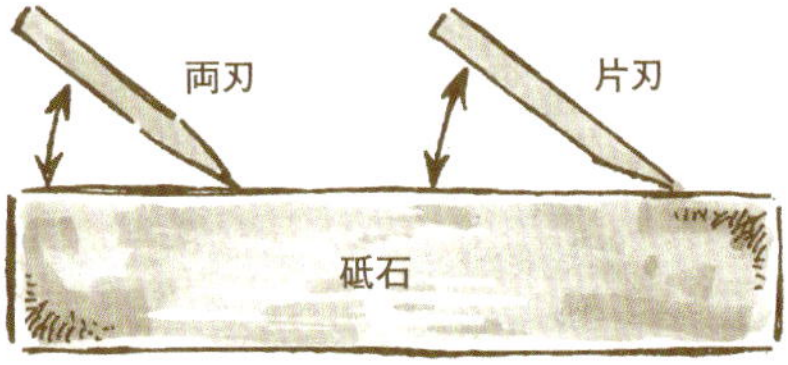


刃先を砥石にあて、包丁の表を心持ち浮かせる。

**2**

包丁を向こう側へ押すようにして研ぐ。刃の表を研ぐ時は、押すだけ。両刃の包丁は裏も同じように研ぐ。

**3**

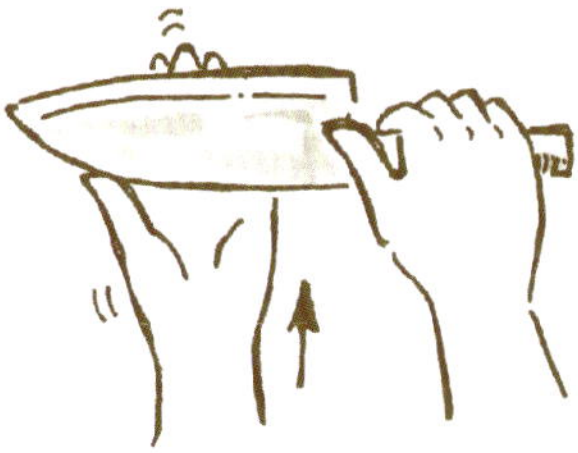

20 ～ 40回研いだら、図のように包丁の裏へ指をあて、刃先がギザギザになっているかどうかを確認する。このギザギザを「返《かえ》り」という。

**4**

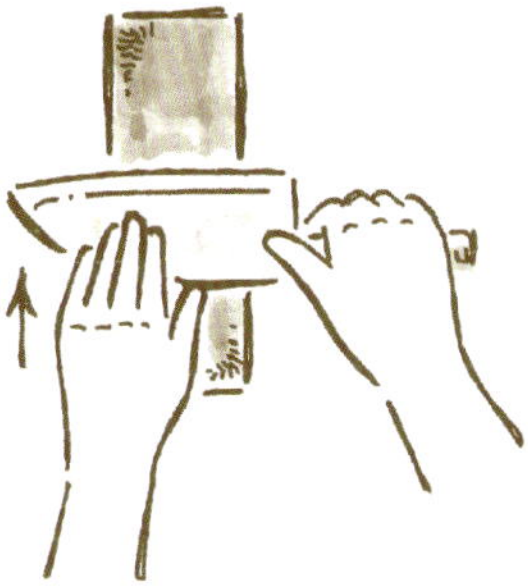

片刃の包丁は裏をペタッと砥石にくっつけ、10 ～ 20回「返り」がなくなるように研ぐ。

# 鯛頭の骨酒

宴会のオープニングにもってこい

1 鯛の頭にごく少量の塩をふって、風通しのよいところで半日〜1日干す。冬なら日光にあててもOK。

2 干して水分を抜いた上、弱火でこんがりと焼く。すると、生臭みが消え、香ばしさが出てくる。

3 **2**を器に入れ、熱めの燗酒を注いで2分おく。できればその間、ふたをしておく。ここでは片口を使ったが、豪快に大杯や、大鉢で回し飲みしてもよい。

**ポイント** 幕末の志士、坂本龍馬は、飯に酒をぶっかけてかっこんでいたらしい。飯と酒を別々に摂取するのが「めんどくさかったから」だそう。こちらは肴と酒を合わせて豪快に！

**材料**　◎真鯛の頭　◎塩　◎酒

# 鮭の燻製

お鍋ひとつでスモーク作り

1 甘塩鮭の水分を抜くため、1～2日、切り身を干す。

2 鍋底にアルミホイルを敷き、小さじ1杯ぐらいのスモークチップを置く。万能蒸し器に鮭を置く。ふたをして中火にかけると煙が充満して、万能蒸し器の上の鮭がいぶされる。煙が出だしたら弱火にして3～5分で火を止める。

3 鍋に段ボール箱をかぶせて、15分保温する。

ポイント 贈答品として人にあげても喜ばれる。

材料　◎鮭の切り身

# フグのスモーク

これで飲むウイスキーがうまい

1 フグを三枚におろして塩をまぶし、一昼夜干す。一昼夜、天日干しにするとかなり水分が抜ける。ハエなどの虫にやられぬよう網やザルでおおい干す。

2 スモークチップを敷いた鍋に、干しフグをのせた万能蒸し器を入れ、ふたをして火にかける。煙が出だしたら、弱火にして3～5分で火を止める。

3 火からおろして段ボール箱をかぶせる。箱の保温力で十分に火が通る。15～20分で出来上がり。

ポイント 高いハズのフグも、シロサバフグならバカ安。しかも、内臓などは取って売られているので、毒の心配ナシ。カワハギでもできる。

燻製、干物

材料　◎シロサバフグ（身欠き）　◎塩

# フグの一夜干し

出来上がりにバジルを散らして

1 中骨にそってムキゴマフグを切り開く。全部切ってしまうと、二つに分かれるので、背の寸前で止め、身を開く。

2 薄塩をまぶし、干し網に入れて干す。天日に当てるなら丸1日。陰干しなら2日くらい。

3 油を敷いたフライパンに並べ、ふたをして弱火で焼く。5分ほどで裏返して、焼き色がついたら出来上がり。

ポイント 白身魚のソテーやムニエルにも似ているので、ホワイトソースにも合う。とことん安いゴマフグだって、干せば大変おいしくなる。干し網は台所のお宝なのである。

材料　◎ムキゴマフグ　◎塩　◎油　◎バジル

# イワシの干物

これぞまさに保存食の知恵

1 真イワシの頭を落とす→内臓を取る→水洗い。腹側から親指をつっこみ、手開きにする。中骨にそって指を動かし、中骨を取る。

2 真イワシを濃いめの塩水に30分漬ける。

3 **2**を干す。陰干しにするなら丸2日、直射日光に当てるなら丸1日干す。夏はその半分の時間で。焼き網か魚焼きグリルで焼く。

ポイント 塩をふるだけでもいいが、塩水のほうがムラなく塩がゆきわたる。



材料　◎真イワシ　◎塩

# 白子の酒蒸し

かんきつ系のしぼり汁で料亭っぽく

1. 白子には塩をまぶしておく。酒を入れた鍋に万能蒸し器を入れて白子蒸す。酒は鍋底から3センチぐらい。ふたをして火にかけ、約20分蒸す。

2. 昆布を浸したしょう油を、しょう油と同量か、それ以上のカボスなどで割る。皮はきざんで薬味にする。

3. 蒸し上がった白子を即、ポン酢にドボン。サケの白子は一口大に切ってドボン。冷める間にポン酢がしみる。

**ポイント** 冷めるまで待てば味もしみる。冷めてから食べること。白子は水でよく洗い、表面の汚れを取っておかないと、苦みが出てしまう。茶こしで洗うのが便利。

材料　◎タラの白子／サケの白子
◎カボスまたはスダチかユズ
◎昆布　◎しょう油　◎酒

# 鯛頭の酒蒸し

10分蒸すだけの失敗知らず

1 鯛の頭のエラをむしり取り、ウロコも取る。ウロコ取りは水中でやると飛び散らない。包丁でも十分取れる。

2 鯛全体にたっぷりと塩をふる。蒸すと塩分が落ちるので多めにふり、1時間おく。

3 1合ずつの酒と水を鍋に入れ、万能蒸し器に鯛を置いて、ふたをして火にかけ、沸とう後10分したら火からおろす。

ポイント この汁を残しておけば、翌朝、コラーゲンたっぷりな煮こごりになる。ご飯にのせて食べると、本当にうまい。

材料　◎真鯛の頭　◎酒　◎塩

# キスの薄衣蒸し

冷めたところにレモンをしぼる

1 包丁の背をキスの尾から頭方向に動かし、ウロコを取る。腹に切れ目を入れ、内臓を出して水洗い。

2 全体に塩をふってから、竹串を刺し、30分程たってから片栗粉をたっぷりまぶす。

3 鍋の底から3センチくらいの湯を沸とうさせてから、万能蒸し器に並べたキスを入れ、ふたをする。中火で10〜15分蒸す。

ポイント 蒸した後、しっかり冷ますこと。油を使っていないので、カロリーも低い。

蒸し物

材料　◎キス　◎塩　◎片栗粉

# 蒸し穴子

蒲焼きとはひと味違う

1 穴子1匹を八等分に切る。幅はだいたい3センチ前後が食べやすい。

2 竹串を縫うようにして、穴子に刺していく。必ず2本打って、穴子が縮まらぬよう伸ばしておく。

3 万能蒸し器で約10分間蒸し、蒸し上がったらユズコショウを少量のせる。

ポイント 一度蒸してから蒲焼きにするのが関東の焼き方だが、蒸しただけのものもあっさりしてうまい。

材料　◎穴子　◎ユズコショウ

# 太刀魚のウニソース

切り身を使ってささっと調理

1 太刀魚に塩をふって万能蒸し器に並べ、30～40分おいておく。

2 蒸し器の少し下までの水を入れた鍋を火にかけ、沸とうしたら**1**の蒸し器を入れてふたをして10分ぐらい蒸す。

3 ウニと同量か半量のマヨネーズを混ぜてウニソースを作る。サラッとしたソースにするなら、酢を加える。

**ポイント** 鮮度のいい脂がのった太刀魚は、刺し身にするととろけるうまさ。スーパーではなかなか買えないし、手に入ってもおろしたり皮をむいたりするのが難しい。でも、切り身ならなんとかなる。



材料　◎太刀魚の切り身　◎瓶詰のウニ　◎マヨネーズ　◎紫タマネギ　◎塩

# 金目鯛のちり蒸し

ぷよんっと脂のついたところをあっさり味で

1
金目鯛全体に塩をすり込み、酒をパッパッとふりかけて10分おいておく。

2
ふた付きの器に豆腐、シイタケと一緒に入れる。茶碗蒸しの容器でもOK。

3
10～15分間、蒸す。蒸し器がなければ、鍋底から3センチくらいまで水を張り、そこに器を入れてもOK。

ポイント
金目鯛と豆腐から、程よく汁が出る。実はこの汁に、金目鯛の旨みがぎっしり。ここにスダチをちょこっとしぼり、金目鯛のほぐしたのと豆腐を一緒に食べるとさらにうまい。

材料　◎金目鯛の切り身　◎豆腐　◎シイタケ　◎スダチ　◎塩　◎酒

# サバの変わり蒸し煮

滋味ある蒸し料理

1 サバの頭を落として筒切りにし、内臓を取る。

2 鍋に昆布を敷き、水とショウガと唐辛子とローレルを入れ、塩味をつけ、酢を少量落として煮立てる。

3 煮立ったところへ筒切りにしたサバを入れ、ふたをして弱火3～4分蒸し煮にし、鍋をバスタオルでくるんで15分間保温調理。

ポイント **2**に入れる水は、サバを入れてひたひたになるくらいの分量で。**3**の保温調理は64ページを参照。

材料　◎生サバ1尾　◎昆布　◎ショウガ　◎唐辛子　◎ローレル　◎酢　◎塩

# 蒸しダラのポン酢

油を使わず、ローカロリー

1 甘塩タラは塩をふらず、片栗粉をしっかり全体にまぶす。生ダラなら、塩をふって1時間おいてから片栗粉を。

2 万能蒸し器を鍋に入れ、蒸し器の底より少し下まで水を入れる。タラを並べふたをして中火にかける。沸とう後、10分から12分蒸す。

3 1時間以上昆布を漬けておいたしょう油に、レモン、またはカボスやユズなどのしぼり汁を加えて**2**にかけ回す。

ポイント お好みでもみじおろしを添えて。



材料　◎甘塩タラ　◎レモンなどのかんきつ類　◎昆布　◎片栗粉　◎しょう油

# カキの茶碗蒸し

磯の香りがほのかに漂う

1 だしをとる。昆布、水、みりん、塩を煮立てたところにカツオブシを入れ、再び沸とうしたら火を止めて冷ます。

2 卵とだしを1対3の割合で合わせる。カキは一つの器に3～4個を目安に入れる。

3 卵とだしは泡立てぬようによく混ぜ、カキを入れた茶碗にそそぎ、20分蒸す。

ポイント だしはよく冷ましてこしたものを使う。

材料　◎カキ　◎卵　◎昆布　◎カツオブシ　◎みりん　◎塩

# ホッキ貝の肝　酒いり

ヒモや肝のほうが案外うまい

1 ホッキ貝の肝はもまず、ヒモだけを塩でもむ。ヌメヌメしてきたら、水洗いをして、水気をきる。

2 鍋に**1**を入れ、お玉八分目の酒と塩少々を加えて中火にかける。焦げぬよう、時々鍋をゆする。

3 ふたをして約1分蒸す。その後、ふたを取り、酒をすべて蒸発させる。

ポイント　肝はもまないこと。もむと味が悪くなる。

蒸し物

材料　◎ホッキ貝の肝とヒモ　◎塩　◎酒

コラム❷

素材の旨みを引き出して燃料費を節約

# 保温調理のススメ

何かと物入りな今日この頃。家にある新聞紙やバスタオルを使って、味がじんわりしみ込む保温調理で、おいしく賢く節約しよう。

## ●新聞紙を使う

1

朝刊1日分を図のように少しずつずらして置き、真ん中に鍋を置いて1枚ずつ包んでいく。

2

最後まで包んだら、新聞紙がほどけないよう、丼などを重しとしてのせる。

## ●バスタオルを使う

1

二つ折り、四つ折りにした
バスタオルで鍋を包む。

2

すき間ができぬ
よう包み込む。

## ●発泡スチロール箱を使う

1

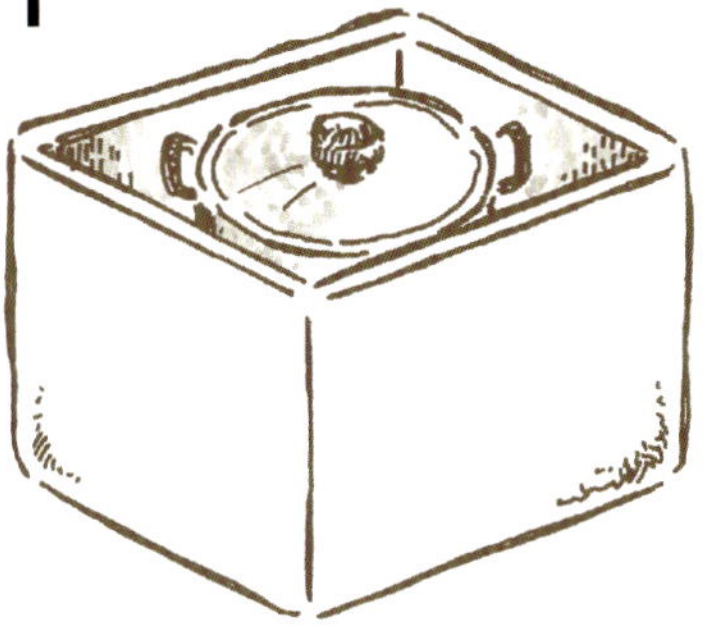

鍋がすっぽり入るような発
泡スチロール箱も、保温
力はすこぶるよい。

（注）発泡スチロールは匂いがつ
きやすいので、使った後は水洗い
をして干しておく。

2

ふた付きであれば、保温
力も一段と高くなる。

魚の煮つけ（味つけ後）なら、漬け汁ごと裏表ひっくり返して弱火3分、保温10分。魚のみそ煮なら、弱火にして再沸とうしそうになったら弱火3分、保温15分という具合に。

# 小柱のかき揚げ

そばつゆに浮かせて大根おろしで

1 卵と同量の水をよく混ぜ、小麦粉を少しずつ加えて、ネットリとした衣を作る。ゆるくしすぎないように。

2 水洗いして、水気をふき取った小柱を衣に加え、均等になるようにに混ぜてタネを作る。

3 お玉1杯くらいのタネを180度くらいの油にそっと入れ、途中でひっくり返す。全体がカリッとしたら出来上がり。あればネギと切り海苔を散らす。

ポイント 大きな生ホタテだと、火も通りにくいが、小柱だと、すぐ揚がる。これをたっぷりのそばつゆに浮かべ、おろした大根で食べる。

材料 ◎小柱 ◎卵 ◎小麦粉 ◎油 ◎大根 ◎ネギ ◎切り海苔 ◎そばつゆ

# 干ダラのカラ揚げ

ほんのり甘い酢じょう油で

1 キッチンバサミで干《ひ》ダラを細く切る。

2 150度くらいの油でじっくり揚げる。2〜3分で十分に火が通る。

3 酢、しょう油、みりんまたはハチミツ、粉唐辛子を混ぜた漬けダレに、揚げたての干ダラを即、漬ける。漬けて、1〜2時間おいておけば出来上がり。

ポイント 干ダラは水で戻さぬほうが味はよい。やわらかめが好みの方は、一晩水に漬けて戻して使うこと。漬けダレには、あまり酢を入れすぎぬよう。しょう油を中心にする。

材料　◎干ダラ　◎酢　◎しょう油　◎みりんまたはハチミツ　◎粉唐辛子　◎油

# カキの大陸揚げ

カキフライより簡単な変わり天ぷら

1 よく洗ったカキの水気を取り、すりおろしたショウガをしぼった汁に浸す。

2 卵とその2倍量の小麦粉に少量のハチミツ、しょう油、水を加え、ドロリと濃い衣を作る。水の代わりにショウガ汁でもよい。

3 カキに衣を付けて170度くらいの油で40～60秒揚げる。

ポイント 中華風の料理なので、紹興酒にもよく合う。



材料 ◎カキ ◎ショウガ ◎卵 ◎小麦粉 ◎ハチミツまたは砂糖 ◎しょう油 ◎油

# ホッキ貝のイクラあえ

殻付きの貝はとってもうまい。下ごしらえも簡単

1
ホッキ貝のすき間から洋食用ナイフを入れ、貝殻の内壁をなぞるようにまわす。すると、貝柱が切れて、パカッと開く。

2
ヒモを取った後、横から切って中のワタを包丁でそぎ取る。

3
沸とうした湯に身を入れ、3～4秒で引き上げ、冷水にとって熱をとり、引き上げて水気を取る。戻したワカメの上にホッキ貝を並べ、イクラを散らす。

ポイント すし屋で食べるとそこそこの値段となるホッキ貝、殻付きで買えば1個100円くらいと安い。

材料　◎ホッキ貝　◎ワカメ　◎イクラ

# イワシのぬた

包丁に自信のない人でも大丈夫

1　真イワシの頭とハラワタを取り、水洗い。両方の親指で手開きにしたら、中骨を尾のところで折り、頭の方向に向けて身からはがす。

2　皮を下にしてまな板に置き、手で尾を押さえ、もう片方の手にスプーンを持ち、手前から向こう側へ身を少しずつそぎ取る。皮だけがまな板に残る。

3　真イワシの身の4分の1の量のみそと針ショウガであえ、冷蔵庫で冷やす。ゆでニラ、ワカメと盛りつける。

ポイント　さらに冷蔵庫でしっかり冷やせば、おいしくなる。

材料　◎刺し身用真イワシ　◎みそ　◎ショウガ　◎ワカメ　◎ニラ

# 赤貝のぬた

ヒモの旨みをかみしめて

1 赤貝のヒモに塩をまぶして手早くもみ、ぬめりが出てきたら流水できれいに洗う。

2 ワケギやニラをやや硬いくらいにサッとゆでる。その後、冷水で冷ます。

3 やや甘い白みそに練り辛子を加え、酢みそを作る。酢は少しずつ加えて練る。

ポイント 酢みそを作る時に酢が多すぎるとゆるくなってしまうので、気をつけて。



材料 ◎赤貝のヒモ ◎ワケギまたはニラ ◎白みそ ◎酢 ◎練り辛子 ◎塩

# たこぶしトロトロ

タコとトコブシで絶妙のコラボ

1 洋食用ナイフで、トコブシを殻からはぎとる。殻側の内臓は取り除く（酒蒸しにする）。

2 トコブシに塩をまぶし、清潔なタワシか歯ブラシで、表面が白くなるまでこすり、その後水洗いする。

3 おろし金でトコブシをすりおろす。塩もみした薄切りキュウリ、水で戻して切ったワカメ、薄切りにしたゆでダコとあえ、酢をかけて冷蔵庫で冷やす。

ポイント　トコブシは1個で十分。殻側の内臓を取り、酒蒸しにすると、もう一品おいしい肴ができる。

材料　◎ゆでタコ　◎生食用トコブシ　◎キュウリ　◎ワカメ　◎酢　◎塩

# ブリのおろしあえ

昆布の旨みが利いただしが隠し味

1 ブリを5ミリ弱の刺し身に引く。

2 しょう油に昆布だけ浸すこと1時間。そこへブリの刺し身を浸し20分。浸しすぎは禁物。

3 大根をおろしてギュッとしぼり、しょう油から引き上げた刺し身とあえ、小口切りにしたネギを散らす。

ポイント ブリを刺し身に引く時に、厚くしすぎるとしょう油がしみ込まないので、5ミリ弱の厚さに。

材料　◎ブリ刺し身用サク　◎大根　◎昆布　◎しょう油　◎ネギ

# グジの焼き浸し

上品な甘さがクセになる

1
沸とうした湯にホウレンソウを根のほうから入れ、全体が浸ったら、ふたをして火を止め、3分後に冷水で冷ます。

2
水＋昆布を沸とうさせ、昆布を取り出したらみりんと少量の塩で、ほんのり甘じょっぱい昆布だしの浸し汁を作る。

3
グジを魚焼きグリルで焼いて皿に取り、浸し汁をたっぷりかけ、完全に冷めたらしぼったホウレンソウのおひたしを添える。

ポイント 浸し汁をかけて10分くらいおいておくと、グジにだしの味がしみておいしくなる。

材料　◎干しグジ　◎ホウレンソウ　◎昆布　◎みりん　◎塩

# 海老のそばつゆ浸し

カクテルふうにおしゃれに

1 無頭海老の足をつまんで皮を背のほうへむしりとる。ただし、しっぽだけは残しておく。

2 水に昆布を入れて火にかけ、しょう油、みりんで味を調え、沸とうしたら弱火にしてカツオブシを入れ、そばつゆを作る。３分で火を止める。

3 海水ぐらいの濃度の塩水を沸とうさせ、海老を入れる。ゆでたての海老を**2**のアツアツのそばつゆに浸し、冷めたら冷蔵庫で冷やす。

ポイント お好みで薄切りのミョウガを添えて。そばつゆは煮立てすぎないように。

材料 ◎無頭海老 ◎昆布 ◎カツオブシ ◎しょう油 ◎みりん ◎塩 ◎ミョウガ

# サンマの湯引き

塩焼きするより早くできる

1
サンマを三枚におろし、身の皮をむかずに、片身が7～8枚になるように薄く斜めにそぎ切りにする。

2
少量の塩を全体にふってから片栗粉をまぶし、手でポンポンとたたいて粉をよくくっ付かせる。

3
熱湯に5秒ほどぐらせる。片栗粉さえかたまればＯＫ。すぐに引き上げてザルにとり、水気をおとして冷ます。

ポイント　梅肉をのせて食べると絶品。サンマと梅干しはこれ以上にないくらいの相性。

材料　◎サンマ　◎片栗粉　◎塩

# フグの湯引き

しゃぶしゃぶすれば、みんな幸せ

1 クロサバフグを三枚におろした後、左側から薄くそぎ切りにする。

2 熱湯にくぐらせる。しゃぶしゃぶ同様、5～10秒で湯から引き上げること。すぐに身が白くなり、クルッと巻くように縮んでくる。

3 熱湯から引き上げたらすぐにポン酢に漬けて30分おく。

ポイント ポン酢の作り方は、52ページの「白子の酒蒸し」を参照。

材料　◎クロサバフグ　◎ユズまたはスダチ　◎昆布　◎しょう油

# アサリ鍋

酒の香りがプーンとくる!

1 アサリは塩水につけて砂を吐かせておく。土鍋に昆布、水、水と同量の酒を入れて1~2時間おき、弱火にかける。沸とうしたら、アサリをすぐに入れて、即ふたをする。

2 5~7分でアサリの殻が開く。

3 細切り大根を入れて、ふたをする。再び沸とうすれば、出来上がり。

ポイント アサリに砂を吐かせている間に、だしを作っておくとよい。大根は煮すぎないように。熱が通ったくらいで十分。

材料　◎アサリ　◎昆布　◎大根　◎酒

# 柳川もどき

どじょうがなくてもできる！

1

しょう油とみりんを1対2の割合で作っただしを土鍋に入れ、そこに切り昆布を浸して10分おき、ささがきにしたゴボウを加えて中火にかける。

2

**1**が沸とうしてきたら、ザク切りのネギと細切りにしたイサキ、そしてイサキの皮も加え、かきまぜる。

3

ネギとイサキはすぐ火が通る。溶き卵を全体にかけまわし、ふたをして火を止め、3分たったら出来上がり。

ポイント　イサキ以外のほかの魚でもお試しあれ。お好みで粉サンショウを振りかけて。

材料　◎イサキ　◎切り昆布　◎ゴボウ　◎ネギ　◎卵　◎みりん　◎しょう油

# ネギマグロ鍋

サッと煮てサッと食べる

1 ネギはザク切り、マグロは1センチ幅に切る。鍋に昆布と酒（ぐいのみ5～6杯ぶん）を入れ煮立てておく。

2 1対2のしょう油とみりんを**1**の鍋に入れ、ネギを加えて再び煮立たせる。煮立ったら弱火で5分くらい煮ると、ネギに火が通る。

3 ネギにやや色がつき始めた頃、切っておいたマグロを入れる。すぐに火が通るので、あまり煮つめない。

ポイント 「材料をサッと入れる・サッと煮る・サッと食べる」の「サッと三原則」がオススメ。

材料 ◎サク取りマグロ ◎ネギ ◎昆布 ◎みりん ◎しょう油 ◎酒

# サバのジンギスカン

濃いめのタレで野菜をたっぷり

1 三枚におろしたサバを、斜めに大きくそぎ切りにする。片身から6〜7枚取れる。

2 鍋に水を少々、昆布、ゴマ、粉唐辛子のほか、リンゴ、ニンニク、ショウガはすりおろして入れ、漬けダレの準備。

3 **2**にしょう油、みりんを加えて火にかけ、焼き肉のタレくらいの濃さに煮詰め、ゴマ油を少々加えて漬けダレを作る。十分に冷ましてから、**1**を10〜20分漬け込む。

ポイント 野菜をジンギスカン鍋に並べ、最後にサバをのせて焼く。野菜の量が多いほど、味つけのタレは濃いめにする。

材料 ◎生サバ ◎昆布 ◎ゴマ ◎粉唐辛子 ◎リンゴ ◎ニンニク ◎ショウガ ◎しょう油 ◎みりん ◎ゴマ油 ◎野菜（何でもOK）

# 鯛しゃぶ

ちょっと高価な鯛だけどこれで4人分なら経済的

1 三枚におろした鯛を皮を下にしてまな板に置き、まな板と包丁で皮をはさむように切り取る。

2 鯛を薄くそぎ切る。骨は毛抜きで抜く。

3 昆布1枚を入れたしょう油にユズをしぼり、ポン酢を作る。昆布は一晩ひたしておくとなおよい。

ポイント フグ刺しほどじゃないにせよ、鯛はかなり薄くそぎ切ること。昆布だしは決して煮立てないように。

材料　◎真鯛の活き〆め　◎昆布　◎しょう油　◎ユズ

鍋

# 腹子の水炊き

腹子は煮えたら即、食べる！

1 土鍋に少なめの水と昆布を入れ、煮立たせる。

2 昆布を一晩漬けたしょう油に温州ミカンをしぼり、付けダレを作る。これで甘酢っぱい、ポン酢もどきになる。

3 **1**に豆腐、ネギ、シイタケ、しらたきを入れ、火が通ってきたら腹子を入れる。腹子は煮えたら即、食べる。

**ポイント** 土鍋は最初、弱火にかけること。いきなり強火にかけると割れるかもしれないので、要注意。

**材料** ◎腹子（鯛、タラ、アサバガレイなど）◎焼き豆腐 ◎ネギ ◎シイタケ ◎しらたき ◎しょう油 ◎昆布 ◎温州ミカン

# フグみそ仕立て

みそとフグは実は抜群の相性

1 フグを三枚におろして、ブッ切りにする。骨もブッ切りに。三枚におろさず、骨ごとブッ切りにしてもよい。

2 水と昆布を入れた鍋にフグ以外の材料を入れ、火にかける。煮立ったら弱火。4～5分たったら、麦みそをとく。

3 ブッ切りのフグの身と骨を入れてかきまぜる。ふたをして1～2分で火を止め、4～5分たったら器に盛って、きざみネギをふる。

ポイント フグを煮すぎないこと。フグは必ず最後に鍋に入れる。

材料　◎クロサバフグ　◎昆布　◎ニンジン　◎ネギ　◎白菜　◎麦みそ

コラム❸

スモークするだけでおいしさ100倍

# 家で簡単にできる燻製の作り方

燻製をするだけで、どんな食材でもまったく別の味に変化する。覚えてしまえば超簡単！　いろいろな魚をスモークしてみよう。

## ●ザルを使う

鍋のふちにぴったりのステンレスザルを用いる。スモークチップは5～10グラムぐらい（ほかも同じ）。

## ●万能蒸し器を使う

鍋底にスモークチップを敷き、その上に万能蒸し器を置く。

## ●五徳と焼き網を使う

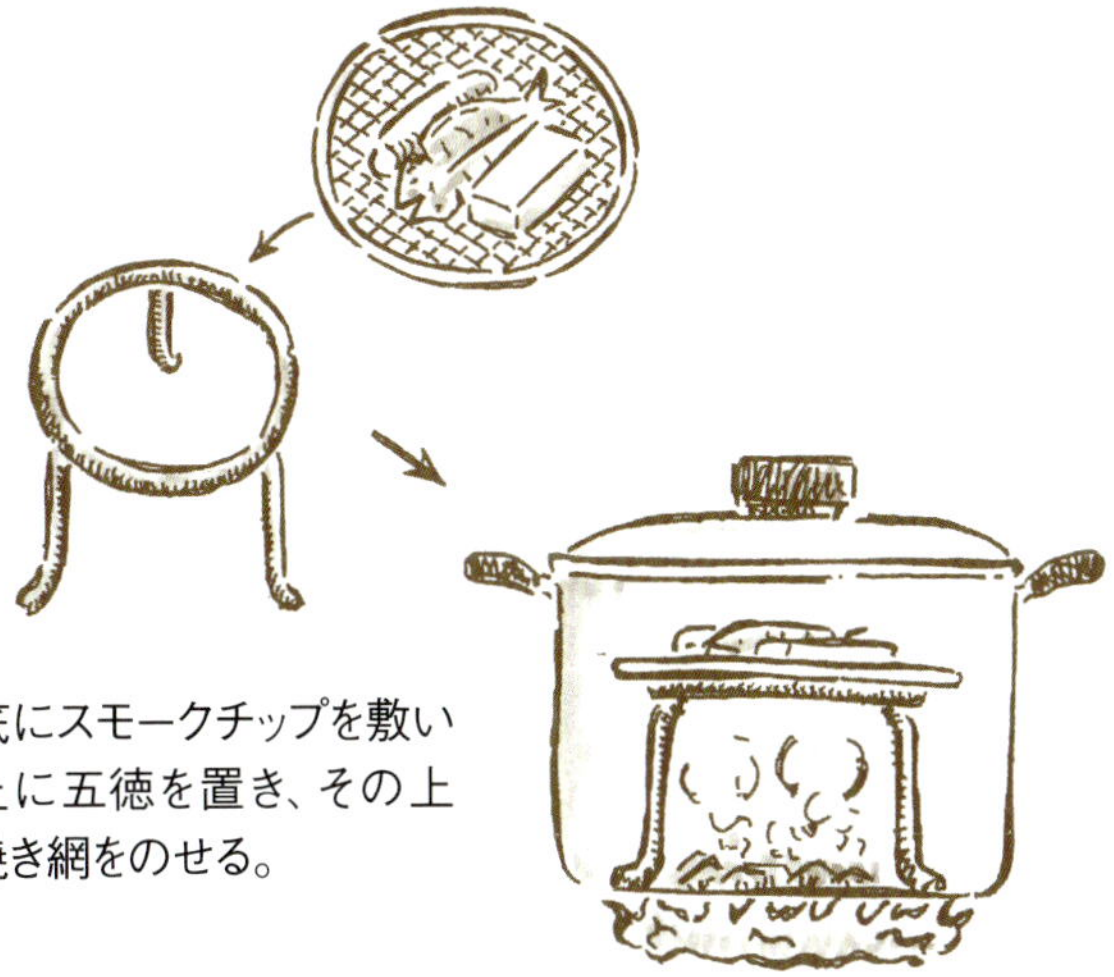

鍋底にスモークチップを敷いた上に五徳を置き、その上に焼き網をのせる。

## ●仕上げ

それぞれ火にかけて煙が出てきたら、火を止める。厚手の木の板の上に鍋をのせ、段ボール箱をかぶせて15分間保温する。鍋は高温になっているので、布や薄い板などにのせると焦げてしまう。ペンキなどの塗料のついていない、焦げてもよい板に。保温力を高くするために、穴のあいていない段ボール箱を選ぶ。

# タラ入り卵焼き

魚のすり身を入れてふわふわの食感に

1 タラの皮をむき、包丁でできるだけ小さくたたく。それをすり鉢にとり、すりこぎでよくする。

2 卵を加え、なめらかになるまでする。切り身ひとつに卵3個。すり身と卵が完全に一体化するまで3～4分くらいよくする。

3 スプーン2～3杯の油を敷いたフライパンに**2**を全量流し込み、必ずふたをして5～7分、弱火で焼く。途中、裏返さないこと。

**ポイント** 卵焼きを作っている途中は、裏返さないこと。残ったら、お弁当のおかずにも。

材料　◎甘塩タラ　◎卵　◎油

# イワシ団子

手作りのつみれは本当においしい

1 真イワシを肉ひき器にかけ、ペースト状にする。肉ひき器がなければ、包丁でたたく。

2 **1**をネトネトになるまですり鉢でするり、薄い塩味か、みそ味をつけ、少量の片栗粉を加えてよく練り合わす。

3 手を水でぬらし、**2**を一口大にまるめて熱湯に入れる。5〜8分でゆで上がる。

**ポイント** すり鉢ですればするほど、団子の味が上品になっておいしくなる。塩をふって串焼きにしても、くずあんをかけてもおいしい。

材料　◎真イワシ　◎塩またはみそ　◎片栗粉

# こったら豆腐

たらこと豆乳の組み合わせがクリーミー

1 豆乳（200cc）を鍋に入れ、弱火で焦げつかぬよう、お玉でかきまわしながら温め、80度くらいになったら粉寒天（2グラム）を溶かす。

2 火を止め、ほぐしたたらこを加えて、お玉でしっかりかき混ぜる。

3 好みの容器に流し入れ、容器ごと冷水で冷ます。

ポイント たらこはしっかりほぐす。しっかりほぐせば、きれいなピンク色になる。

アレンジ

材料　◎たらこ　◎豆乳　◎粉寒天

# すり流し汁

冬はあつあつで、夏は冷やして

1 刺し身をすべて一緒にトコトンたたく。これをサボるとすり鉢でする時にえらく疲れるので、手を抜かない。

2 **1**をすり鉢に入れ、みそを加える。魚の身とみそが一体となるまですったら、水を加えてさらによくする。

3 鍋に移して中火にかけ、煮立ったらサッとアクをすくって火を止める。好みでネギを散らす。

ポイント すり加減で味に大きな違いが出る。とことんすったものほどうまい。冬はあつあつで、夏は冷やして、グッとこの汁を飲むと酒が欲しくなる。

材料　◎刺し身の盛り合わせ　◎みそ

# コハダのマリネ

オリーブオイルとコハダは合う

1 コハダのウロコ、頭、内臓を取って三枚におろし、腹骨と背びれの部分を切り取る。

2 おろしたコハダをバットに並べ、塩をふって酢をかける。途中で上下をひっくり返す。

3 トマト以外の野菜を細く薄く切り、塩を少しふりかけて、1～2時間冷蔵庫に入れた後、よくしぼってコハダと一緒にオリーブオイルであえる。

ポイント すしダネとしてよくスーパーマーケットで売られているおろしたコハダを使えば簡単。

アレンジ

材料 ◎コハダ ◎プチトマト ◎ニンジン ◎セロリ ◎パセリ ◎タマネギ ◎ピーマン ◎酢 ◎塩 ◎オリーブオイル

# ムール貝のトマト煮

ニンニクと貝のエキスで旨みの相乗効果

1

フライパンを火にかけ、その上でトマトをすりおろす。

2

タマネギ、ニンニクの薄切りを1のフライパンに入れる。すりおろしトマトが半量になるまでかきまぜながら煮詰め、薄めの塩味をつける。

3

よく水洗いをしたムール貝を入れ、ふたをしてから5~7分。貝がパカッと口を開けば出来上がり。

ポイント ニンニクがムール貝と一緒になると、旨みの相乗効果が出てくる。よく熟れたトマトを使おう。

材料　◎ムール貝　◎トマト　◎タマネギ　◎ニンニク　◎塩

# ムール貝ピザ

ガスバーナーを使えばかなり本格的に

1 海水くらいの塩水を小麦粉の25%量加え、こねて球にし、1~2分、さらによくこね、2時間ねかせて生地作り。

2 のばした生地の上にマヨネーズ、バジルソースを敷く。殻を取ったムール貝と細く切った野菜をのせ、溶けるチーズをふりかけてから、ホットプレートで焼く。

3 チーズが半分ほど溶けてきたら、ふたを取り、ガスバーナーであぶってチーズをさらに溶かし、焦げ目をつける。

ポイント 2では、必ずふたをして熱をこもらせること。ガスバーナーがなくても、形になる。

アレンジ

材料 ◎ムール貝 ◎小麦粉 ◎塩 ◎トマト ◎タマネギ ◎ピーマン ◎マヨネーズ ◎バジルソース ◎溶けるチーズ

# 白子のペースト

簡単ラクラク瓶詰の出来上がり

1 蒸した白子とニンニクを裏ごしする。裏ごし器がなければ、ただすりつぶすだけでもOK。

2 1に塩、コショウ、練り辛子で味をつけ、よくこねる。

3 よく冷ましたら、きれいな瓶にすぐに詰める。

ポイント 保存性を高めたいなら、練り辛子を多めに。

材料　◎白子（鮭）　◎ニンニク　◎塩　◎コショウ　◎練り辛子

# ピリタコ

泣きたくなるほど辛いがうまい！

1 中華鍋を中火にかけて、1人前につき1本のきざんだ唐辛子を多めの油で30～40秒炒める。

2 **1**にブツ切りにしたゆでタコを入れ、強火で30秒ほど炒める。

3 ザク切りにしたニラを加え、塩で味を調えながら炒める。ニラが油を吸ってしなっとなればＯＫ。

ポイント 辛いものが苦手な子どもやお年寄りには、唐辛子の量を減らして。

材料　◎ゆでタコ　◎ニラ　◎唐辛子　◎塩　◎油

# アジ餃子

日本酒には豚肉より魚餃子のほうが合う

1 三枚におろし皮をむいたアジをたたきにし、ゆでて刻んだキャベツ、ショウガ、ニンニク、すりゴマを加えて、すり鉢でよくする。

2 塩を加えてネトネトになるまですったら、市販の餃子の皮で包む。

3 油を敷いたフライパンに**2**を並べ、ふたをして焼く。1分後、コップ3分の1の水を加えてふたをして5分したら出来上がり。

**ポイント** お好みで新潟名物のピリッと辛い「かんずり」を添えて。

材料　◎アジ　◎油　◎キャベツ　◎ニンニク　◎ショウガ　◎すりゴマ　◎市販の餃子の皮

# ニセウニ

一見、ウニ。でも、中身はイカ

1 スルメイカの胴体に左手の指を入れて開き、右手で目のあたりをつかんで肝をそっと引っ張り出す。

2 肝袋の先に切り込みを入れ、目のあたりからしごくようにワタをしぼり出し、塩をまぶす。

3 皮をむいて開いたスルメイカの身に包丁をあて、かんなのように身を削る。削った身に**2**をよく混ぜ合わせ、1時間くらい冷蔵庫でねかせる。

ポイント　少し手間はかかるが、一度味わったら病みつきになる。歯が悪くなったお年寄りのために思いついたアイデア。

アレンジ

材料　◎スルメイカ　◎塩

# サンマの棒ずし

新サンマでお試しあれ

1
サンマの頭と内臓を取り、水洗いして三枚におろし、塩をふって1時間おく。

2
薄皮をツメでつまんでむき、ひたひたの酢に30分浸す。ユズやカボスのしぼった汁に浸してもうまい。

3
巻きすの上にラップ、皮を下にしたサンマ、そして棒状にしたすし飯をのせ、きつく巻く。サンマは、2枚の身を頭尾逆に並べる。好みでワサビを入れる。

ポイント すし飯はよくこねる。巻きすで巻いたあと、1日、冷蔵庫に入れておけば、味がなじんでさらにおいしくなる。

材料　◎サンマ　◎すし飯　◎酢

# たらこそうめん

お中元のそうめんが大変身

1 めんをゆでる。そうめんでも冷や麦でもいい。ゆでて冷水で冷まし、水気をきった後、スプーン1杯のオリーブオイルをまぶす。

2 生で食べられる野菜を小さく切って塩でもみ、水で塩を流した後、水気をきっておく。

3 たらこ1腹をほぐし、そうめんとあえる。

ポイント お酒を飲んでいて小腹のすいた時、ささっと作るのもオススメ。そうめんとあえる前に、たらこをよくほぐしておくのがツボ。

材料 ◎たらこ ◎そうめんまたは冷や麦 ◎ピーマン ◎パセリ ◎カイワレ大根 ◎キュウリ ◎オリーブオイル ◎塩

# イカ焼き

大阪の素朴な味がうまい！

1 冷凍スルメイカを解凍して、下足《げそ》と肝を取り、横に細く切る。

2 小麦粉はややゆるめに水溶きをする。それを熱した鉄板に流したら、すぐにスルメイカをのせる。

3 生地が鉄板からはがれるくらいに焼けたら、ひっくり返してしっかり押さえる。最後にソースをかける。

ポイント 大阪にはタコ焼きのほかに、イカ焼きなる物もある。小麦粉＋水＋イカといたってシンプル。水は多めでタネをゆるめに作ろう。

材料　◎冷凍スルメイカ　◎小麦粉　◎中濃ソース

# 刺し身うどん

多国籍うまかものに乾杯！

1 うどんかきしめんを硬めにゆで、流水でしっかり熱をとり、ザルに上げる。

2 うどんに絡みやすくするため、刺し身と野菜を細く切る。

3 **2**をオリーブオイル、コショウ、バジルソースであえ、ややしょっぱいくらいの塩味にして、**1**にのせる。

**ポイント** 刺し身とうどんという組み合わせでも、オリーブオイルやバジルソースを使うと、刺し身とは別物になる。

**材料** ◎刺し身の盛り合わせ　◎うどんまたはきしめん　◎オリーブオイル　◎バジルソース　◎キュウリ　◎大葉　◎パセリ　◎塩　◎コショウ

# カレイそうめん

保温調理で味がじわじわしみ込む

1 水、昆布、みりん、しょう油でそうめんのつゆくらいの濃さにし、煮立ったところでアサバガレイを入れる。

2 再び沸とうしたら弱火で2分間だけ煮る。新聞紙をひろげて真ん中に鍋を置く。新聞紙を1枚ずつ折りまげて鍋を完全に包み、10〜15分おいておく。

3 そうめんをゆで、アサバガレイの保温調理ができたら汁ごと上からかけ、ネギの小口切りを添える。

ポイント 新聞紙は朝刊1日分がベスト。保温調理は64ページを参照。

材料 ◎子持ちアサバガレイ ◎そうめん ◎しょう油 ◎みりん ◎昆布 ◎ネギ

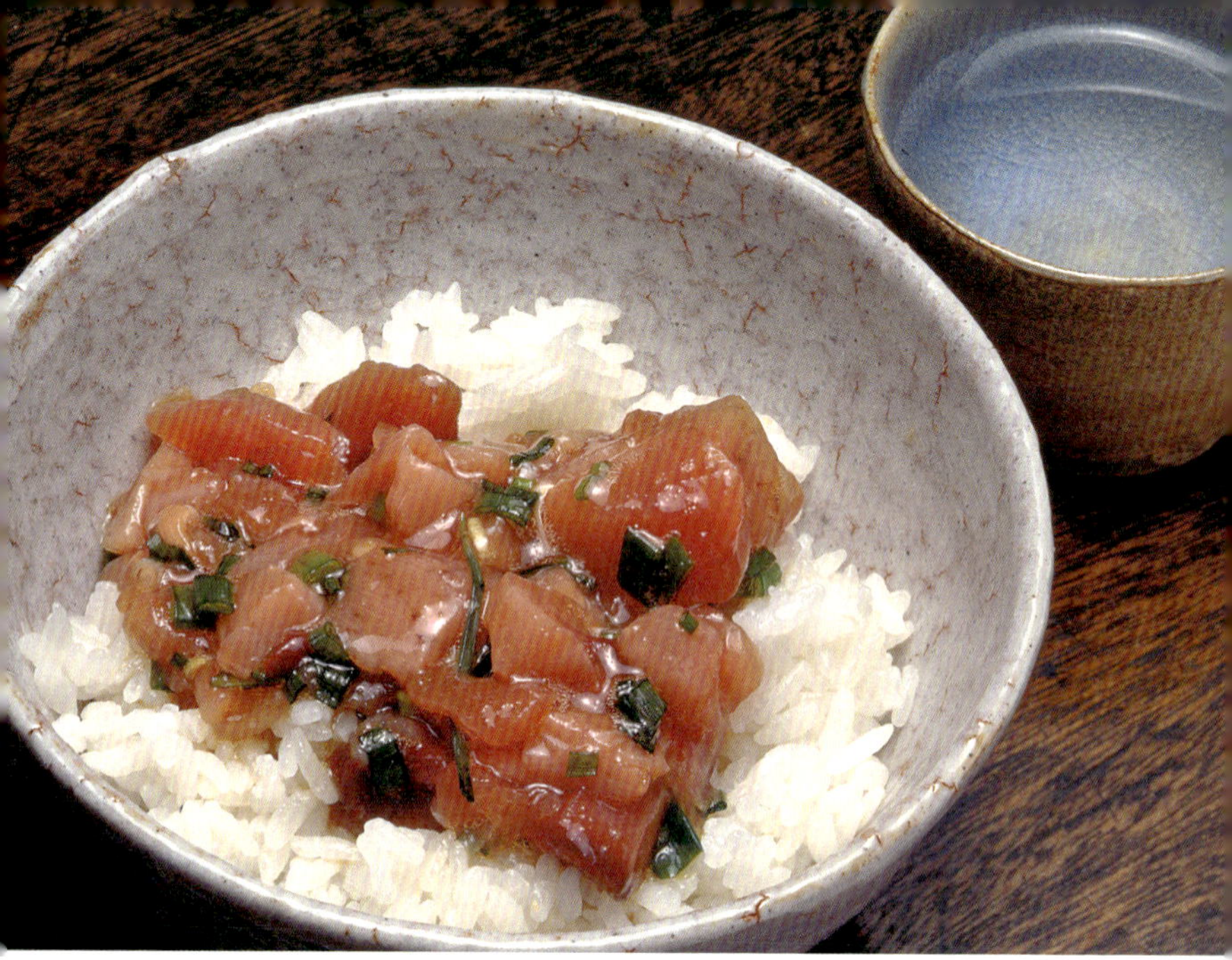

# カツオ丼

ささっとかっ込むのが粋

1 サク取りカツオを小さく切る。

2 しょう油差しに切った昆布を入れて、一晩おいて昆布しょう油を作る。それを、カツオの身にしみ込むくらいかけて10分おく。

3 **2**を、きざみネギ、生卵であえる。しっかりあえたら、あつあつのご飯の上にのせる。

ポイント 食べる時にワサビを添えて。サク取りカツオは小さく切ると、しょう油がしみ込みやすくなる。生卵はふたりで1個ぐらいがベスト。

材料　◎サク取りカツオ　◎卵　◎ネギ　◎昆布　◎しょう油　◎ワサビ　◎ご飯

# 干しグジご飯

肴にもシメの一品にも

1

米2合にニンジンのみじん切り、クコの実、切り昆布を入れ、通常の水加減で炊く。

2

グジの半身の頭を取り、魚焼きグリルで焼く。焼き加減は、わずかに焦げ目がつく程度に。

3

**1**のご飯が炊けたところにグジを入れて、15分蒸らし、箸でほぐしながら骨を取りのぞく。

**ポイント** 好みでセロリの葉をきざんで入れる。グジの干物は背開きでも腹開き、どちらでもOK。

**材料**　◎干しグジ　◎ニンジン　◎クコの実　◎切り昆布

# イカめし

お弁当によし、酒の肴によし!!

1 解凍したスルメイカの肝と下足《げそ》を取ったら、皮をむかずに食べやすい大きさに切る。

2 研いで水を入れた米に、しょう油、みりんで好みの味つけをし、酒を少々加え、切ったイカを入れる。

3 炊飯器にぴったりのステンレスザルにイカ肝をのせてセットし、ご飯を炊く。ザルがなければ、肝だけ別に蒸す。

ポイント　イカめしの上にドテッとのっているのが、イカの肝。蒸した肝をご飯にのせて食べると、イカめしの味もグンとよくなる。

材料　◎冷凍スルメイカ　◎しょう油　◎みりん　◎酒　◎米

# イワシ茶漬け

日本人に生まれてよかった

1 イワシの頭とハラワタを取り、水洗いをする。両手の親指を腹から中骨の上に入れて、尾と頭に向かってすべらして開く。

2 中骨を尾のところで折って、頭に向かってむしり取る。薄皮をはがし、片身を7～8枚になるよう、薄くそぎ切りにする。

3 すり鉢でゴマをすって、そこに切った昆布としょう油を注ぎ、刺し身を15分くらい漬け込む。ご飯にのせ、熱い白湯をかけ回す。

ポイント 白湯はできるだけそっとかけ回すと真イワシがやわらかくなって、さらにおいしくなる。

材料　◎刺し身用真イワシ　◎昆布　◎すりゴマ　◎しょう油　◎ご飯

# 今、飲みたい日本酒を知るための地酒の選び方、買い方

日本の蔵の「造り」が大きくレベルアップした今、どんな選び方、買い方をしたらよいのか? 「コレだ!」と思える日本酒との出合い方を、地酒のお目利きとして知られ、その開発にも携わる東京・武蔵境の酒店オーナー、㈲なかがわ商店の中川伸明さんと一緒に考えてみました。

**100人が100人全員、同じ方向を向いて「この酒が好き!」というのは、あり得ないと思いますね**

――大手の蔵から零細蔵まで、酒質の底上げができてきたようです。カップ酒やパック酒であっても、1990年ごろに騒がれた「まぼろしのなんとか」くらいのレベルの酒を造ることができるようになってきました。特に2000年ごろの人気の酒をお手本にした酒造りが広まった結果、あらゆる蔵の酒が似たような味になっていきました。

その後、

①甘さが酸を抑えているから、べたつかずキレがいい

②フルーティーな香りはあるが、90年代のような香りプンプンではない

③熟香、老《ひ》ね香に代表される独特の香りと味がない

④食べ物の味の邪魔をしない

⑤冷たく冷やして飲むのが一般的

というような傾向になっていたのが、2000〜2010年の間だったと思います。いわゆる「まずい酒」がなくなった半面、酒の選び方が難しくなってきました。

この本では珍しい酒というよりは、「個性のある酒を選びましたよ」と伝えたい。

だから、たとえば、「北から順に」とか「一押し」とか「燗に合う酒」とか「冷酒で合う」とかそういう分け方は一切なしで、あいうえお順で載せようと。これは順不同でみな特徴があって面白いよねという、その特徴を一言ずつ出

してみたいんです。

**中川**　そうですね。その考え方は大事だと思います。酒は「嗜好品」ですから。「菊正宗」が好きだという人もいれば、俺は地酒でやっぱり「久保田」が好きだという人がいらっしゃるように、それぞれの好みを否定する必要はないと思う。僕らがこれから選ぶ酒というのは、末永くこの一本が好きだという「マイ・フェイバリット」になってほしい。たくさん地酒を飲む中で、自分のフェイバリットを探していただければと思います。あれこれと飲んで迷って困ったり、疲れた時に、戻れる酒。そんな酒があると、自分なりの基準が生まれます。そうなると、皆さん、ますます選択の幅が広がるんじゃないでしょうか。それにはやはり、個性というものがなければいけません。100人が100人全員、同じ方向を向いて「この酒が好き！」というのは、あり得ないと思いますね。あってはいけないと思うし。でも、誰か声の大きい人が「これはうまい」と言ったら、みんなそっちを向くじゃないですか。でも、ほんとにそう思うかどうか、立ち止まるほうがいいですね。

――「この道しかない」って言っちゃいけないんだよね。

## もし今から、日本酒を勉強してみたいなら、まず一本、基準になるものを持つといいですね

**中川**　これが私の一番とかじゃなくて、選択肢の一つとしてあるから。たとえば、僕が「風の森」がいいって言っても、それをいつも飲んでいるかというと、そうではない。「私の一番酒」ではなく、「こんな時はこんな酒がいいよね」って自分で時と場合によって、TPOでお酒を選んでいます。

たとえば、ハレの日に落ち着いた酒を飲むのもいいんですけれど、せっかくハレの日だから、それよりはフレッシュで華々しい酒を飲んだほうが楽しいじゃないですか。逆に、すごく疲れている日とか、落ち込んだ時に、華やかな酒を楽しむより、ゆったり落ち着いたお酒のほうがフィットすると思うんですよ。単純にそうだと思うんです。

今から、もし日本酒を自分で勉強してみたいという人がいらっしゃれば、まず一本、基準になるものを持つといいですね。知人で、「磯自慢」を基準にしている人がいます。基準があって、それと比べて、「磯自慢」より辛いよね、「磯自慢」より香りがないよね、とか。

――個性のある蔵や味が増えてきたからこそ、一つの酒を基準にするというのはわかりやすくて迷いがなくなるんでしょうね。だから、自分が最も好きな酒とか基準になる酒を、目安として持っておくほうがいいでしょうね。

## 携帯やスマートフォンで酒瓶の写真を撮るといいですね それを酒屋に伝えるのが一番わかりやすいコミュニケーションが取りやすくなります

**中川**　お客様も酒屋に行って、何を注文していいかわからないから辛口っていう方が多いと思うんです。だったら、基準を作っちゃうといいですね。で、携帯やスマートフォンで酒瓶の写真を撮るといいですね。これがうまかったと思ったら、酒瓶の写真を撮って、これが好きだったんだけど、これよりもうちょっとコクのある酒がいいとか、もうちょっと華やかな酒がいいって酒屋に伝えると、一番わかりやすい。コミュニケーションがとれるじゃないですか。それで明確なものを伝えられない酒屋は素人です。「こういう酒がいいですよ」って、きちんと伝えられる酒屋がいいですね。もちろん酒は嗜好品ですから、お客様の情報が100パーセントとは思いませんので、そこから選んでいって3本くらいに絞ると、本当にお客様がほしいラインにきちんとたどり着きます。

だから、やっぱり、個人店に行った時は、店の人に直接聞いてから買うほうがいいですよ。酒屋は、そんなに怖い人たちじゃないですから(笑)、ざっくばらんに酒屋と話をして、「こういう酒が欲しいんですけど」と好みをはっきりと伝える。ブランド名を言うよりも、飲みたいものをきちんと伝えることが大事です。

とりあえず、写メを見せるとか、そうすると酒屋はすぐにわかると思いますよ。

――辛いとか甘いとか、味覚についてはかなり個人差があります。それは感応の問題です。だから、酒屋さんに好みを伝える時に、基準になる酒を話すほうがいいですね。

**中川**　日本酒って悲しいことにね、2000～4000円クラスで止まっちゃうんですよ。お小遣いの範囲内で。晩酌だからそれはいいかもしれないけれど、上のクラスのお酒もちゃんと飲んでみていただきたいなと思います。

――酒に興味が出てきたら、家では飲めないような酒を置いている店に行ってみることが大事ですね。こういう酒を置いている店は信用していいぞ、と思える。この本のコンセプトとしては、家でいつも飲む酒はこれがいいですよというのは、なし。そんなんじゃなくて、狙うのはこんな酒ですよ。その酒、どこで飲めるのかは、問い合わせ先に聞いてください、と……。

**中川**　日本酒は安いから。リーズナブルなものや居酒屋さんに置いているものにも目が行きがちだけど、やはりご自分のロマンを探してみることは、すごくいいと思います。

　僕はさっき言ったように高級酒に行ってほしいという気持ちが強いんですけど。ただ、飲むだけじゃなくて、ロマンを感じていただきたいな、と思うんです。店にいらっしゃるお客様の顔をよく見ていると、どんなお酒を望んでいるかだんだんわかってきますし、時間があればいろいろなお話ができると思うんですね。そういうふうに、酒屋に話を聞きに来たりするのもいいんじゃないでしょうか。

――では、ということで、きっとこれだ！　と思える一本の酒に出合えるわれわれのセレクションを次のページから紹介していきましょうか。

　選択の基準として、新しい酒に挑戦することを恐れずに進化し続ける酒蔵の個性ある酒を挙げてみました。紹介する酒は、どんな飲み方でもOKだと思っています。食前の1杯にぴったりな酒もあれば、昼間の語らいに向いている酒もある。また、冷酒だ、熱燗だ、常温だともとりたてて言わないようにしています。

「大吟醸は燗なんてするもんじゃない」という向きもおられるかもしれませんが、味覚や感性は個人のものです。常温で味が閉じ込められているような硬い感じの大吟醸を、50℃くらいの熱燗にして37℃くらいまでに下げてから飲むと、硬さがほぐれてフンワリやわらかな酒になることもある。炭酸ガスが含まれている活性濁り酒をぬる燗にしたものは、デザート酒として最高にうまかったです。

　酒の名前も、メインのタイトルだけでなく、サブタイトルが大事ですね。サブタイトルのほうに、酒おのおのの特徴や魅力が詰まっているんです。「風の森」は「風の森」でも、米は「雄町」なのか「山田錦」なのか、そういった情報がサブタイトルに出ています。サブタイトルまでを酒屋や飲食店で伝えてこそ、本当に出合いたい酒に会えるのではないでしょうか？

　この本で紹介したお酒のどれかが気になったら、本ごとを酒屋さんに持って行って、好みの酒の写真を指さして「このお酒が欲しいんだけど」と言ってみてください。それがまず、飲みたい日本酒に近づける大きな一歩になるかもしれません。

**中《なか》川《がわ》伸《のぶ》明《あき》**

1970年東京都武蔵野市生まれ。異業種を経て家業（酒屋、米屋）を継ぎ、店のスタイルを地酒専門店に変更。素晴らしいポテンシャルを備え、人柄に多大なる魅力を感じる蔵元と取引を続け、この蔵だからこそ味わえると胸を張れるオンリーワンのお酒を販売している。「日本酒は、国内のみで製造され約95%近くが国内消費です。年々、蔵の数が減り、衰退の一路を走る中、各蔵元は己の蔵の技術革新をし、今最高位の力で世界に挑める力を秘めています。若い蔵元もベテランの蔵元も、心に宿る熱い心意気を持ち、世界に誇ることができる醸造酒として〝日本の日本酒〟を発信しています。僕はそんなjizakeを扱う店主です」と自らを語る。

有限会社　中川商店
東京都武蔵野市境2-10-2
電話：0422-51-3344
http://sakayamon.sakeblog.net/

# 人生が楽しくなる29の銘酒

「北から順に」とか「一押し」とか「燗に合う酒」とか「冷酒で合う」とか、雑誌の特集のような切り口は一切なし。

今だからこそ飲みたいと思える個性のある酒を、なかがわ商店の中川伸明さんと一緒に選出しました。

## 天《あま》吹《ぶき》

大吟醸生「冬色」
佐賀県

天吹酒造は、華やかな酒を造るのが得意な蔵元。この蔵元が出す酒を「自分の酒の一つです」と言えるようになりたい。グラス一杯、昼間に人が来た時に、ちっちゃいグラス一杯飲ませる。そんな、梅酒みたいな印象があります。実を言うと「冬色」のほかに「夏色」もあります。「夏色」はドライなタイプ。秋には「金色」という酒も出る予定。香りがどーんときて、無濾過生原酒らしい米の旨みと、みずみずしさを楽しめます。フルーティーな酒が欲しいという時に、買っていただきたいですね。

1.8ℓ 3200円(税別)
天吹酒造合資会社
佐賀県三養基郡みやき町東尾2894
電　話:0942-89-2001
FAX:0942-89-3450
http://www.amabuki.co.jp/index.php

## 石《いし》鎚《づち》

純米吟醸「緑ラベル」
愛媛県

兄弟の杜氏が、二人とも寿司マニア。全国の寿司屋へ出かけて、いろいろと食べているそうです。必然的に出来上がるのは魚に合う酒になります。この蔵元には、「生酒」というものは存在しません。すべて火の入ったお酒です。この緑ラベルは非常にドライでありながら、強い米の旨みがあります。やさしい米の旨みと辛みを基調としたお酒ですね。居酒屋とか料理屋で置きやすい。若者からお年寄りまで、幅広く楽しめるお酒です。安定感があるので、安心して買ってみてください。

1.8ℓ 2700円　720mℓ 1350円(税別)
石鎚酒造株式会社
愛媛県西条市氷見丙402-3
電　話:0897-57-8000
FAX:0897-57-8811
http://www.ishizuchi.co.jp/index.html

## 雨《う》後《ご》の月《つき》

月光大吟醸
広島県

相原酒造は、非の打ちどころがないくらい素晴らしい酒を造っています。吟醸酒ですが、透明感のある酒を造られます。透明感がありながら、きちんと存在価値を作るというのは難しいこと。透明感を作るためには濾過をすればいいし、味は薄くすればいい。味を薄くすれば、飲みごたえはなくなります。でも、この蔵元は違う。きちんと綺麗でありながら、存在感を感じるし、エレガントです。お世話になった人のプレゼントにするなら、間違いなくこれです。

1.8ℓ 5000円　720㎖ 2500円（税別）
相原酒造株式会社
広島県呉市仁方本町1-25-15
電　話：0823-79-5008
FAX：0823-79-6247
http://www.ugonotsuki.com/

## 大《おお》倉《くら》

山廃純米無濾過生原酒「雄町70」
奈良県

大倉本家は、やっぱりなんといっても山廃造りが素晴らしいですね。この酒は、1カ月以上をかけてしっかりと育てた山廃酒母を使用しています。直汲みなので、タッチはフレッシュ。キレのよいすっきりとした後口は、一度味わったらやみつきになること必至。独特の渋みもあって、「フルーティーすぎるのは苦手」と思う人にはおすすめです。ここまで手間隙かけたうえでのこの値段は、割に合わないと思います。ある意味、お買い得な酒です。

1.8ℓ 2800円　720㎖ 1500円（税別）
株式会社 大倉本家
奈良県香芝市鎌田692
電　話：0745-52-2018
FAX：0745-78-0019
http://www.kinko-ookura.com

## 奥《おく》

純米吟醸無濾過無調整生原酒「夢山水」
愛知県

西尾、つまり三河地方にある蔵元です。「より濃く、より華やかに」というのが、このお酒のテーマ。愛知県は実をいうと、例えば、「義侠《ぎきょう》」「醸人九平次《かもしびとくへいじ》」といったような名門の蔵が多い。いろいろな気質があるんですが、こちらはどちらのタイプにも当てはまらない。とろみを感じるような質です。コクがあって、バナナとメロンを合わせたような艶やかな香りを立てるお酒。お刺し身を楽しむというより、八丁みそやひつまぶし系の名古屋めしのほうが合います。

1.8ℓ 2950円　720㎖ 1430円（税別）
山﨑合資会社
愛知県西尾市西幡豆町柿田57
電　話：0563-62-2005
FAX：0563-62-4374
http://www.sonnoh.co.jp

## 風《かぜ》の森《もり》

山田錦 純米大吟醸 笊籬採り
奈良県

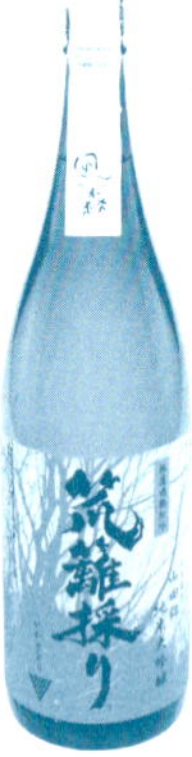


油長酒造の独創性を証明するかのようなお酒。"笊籬《いかき》採《と》り"というのは、油長酒造が7年の歳月をかけて独自に研究開発を重ねた、まったく新しい上槽方法です。醪《もろみ》の中に、笊籬状のスクリーンを沈めて、醪と清酒を分離する技法。袋吊《つ》りの欠点を補う画期的な技法です。酸化を防ぐことでより長く、良い状態で生酒をお楽しみいただけます。通常「風の森」ってリンゴとか洋梨の香りがするんですけれど、このシリーズは特に完熟したリンゴのような風合いがします。なめらかでフレッシュなタッチを楽しめるお酒ですね。

1.8ℓ 6000円(税別)
油長酒造株式会社
奈良県御所市中本町1160
電 話：0745-62-2047
FAX：0745-62-3400
http://www.yucho-sake.jp/

## 菊《きく》鷹《たか》

山廃純米無濾過生原酒
愛知県

濃醇《のうじゅん》なんですけど、キレる。香りは高くないけれど、すがすがしくてエレガントな含香《がんこう》が楽しめる。熟成した旨みのあるやわらかな味わいの火入れバージョンもあります。辛いんだけど、そんなに辛く感じない。こちらの藤市酒造は、これからどんどん進化していきます。非常に優秀な杜氏さんで、良い物だけを造っていこうという姿勢です。今から先、定点観測をするのに面白い蔵。歴史がありながら、毎年進化するであろうという期待感にあふれる。いかんせん生産量が少ないので、もしお店で出合うことがあれば、ぜひ味わってください。

1.8ℓ 2900円(税別)
藤市酒造株式会社
愛知県稲沢市稲葉3-4-30
電 話：0587-32-3155
FAX：0587-32-3156
HP なし

## 亀《きっ》甲《こう》花《はな》菱《びし》

純米大吟醸甕口直汲み生原酒「赤ラベル」
埼玉県

この「赤ラベル」というのは、搾ったまんまであることの証明です。甕《かめ》口というのは、槽《ふな》口といったりもするのですが、酒を機械の圧力を得て搾る(醪を酒粕と清酒に分離する)際、槽口から垂れてきたお酒をそのまま瓶詰めをして、フレッシュさを失わず出荷していることを指します。労力のかかる作業ゆえ、出荷される数は限られます。甕口を飲むのは、本当にぜいたくなのですが、このお酒はまさに蔵に行かなくてもその瞬間が楽しめるというサプライズがある。みずみずしくジューシーな、お酒の誕生の瞬間が味わえます。

1.8ℓ 3800円　720㎖ 1905円(税別)
清水酒造株式会社
埼玉県北埼玉郡騎西町大字戸室1006
電 話：0480-73-1311
FAX：0480-73-1312
HP なし

# 京《きょう》の春《はる》

純米「伊根満開《いねまんかい》」
京都府

「伊根満開」は、赤米で造ったお酒。米を上手にブレンドしています。一般的には、赤米を使うと雑みが出やすいのですが、これはいい感じに仕上がっています。フルーティーでありながら、ライトで甘酸っぱい感じなので、女性のお客様のリピート率が高いです。コクのあるアップルティーみたいな感じと思っていただければ……。でも、イロモノじゃなくてきちんとした個性のある日本酒になっているんです。古代米酒をイメージしていただければわかりやすいと思います。

1・8ℓ 3780円　720㎖ 1903円（税込）
向井酒造株式会社
京都府与謝郡伊根町平田67
電話：0772-32-0003
FAX：0772-32-0199
http://kuramoto-mukai.jp/index.html

# 九《く》郎《ろう》右衛門《えもん》

純米吟醸直汲み生原酒「東条産愛山55」
長野県

この蔵元のある地域は、今や新しい木曽の酒の「夜明け」とも呼べる場所になっています。兵庫県の愛山という幻の酒米といわれている米を使い、非常に力強い風合いをかもし出しています。蔵元ご夫婦は非常に洗練された都会的なお酒を造る人。ゆえにこの酒の仕上がりも、とても軽やかで、ふわっとした感じ。マシュマロみたいなタッチですね。最初に口に入れた瞬間、ピチピチって微炭酸を感じて、その微炭酸感がなくなると同時に、マシュマロとか綿菓子のような甘みが楽しめる、二重においしいお酒です。

1・8ℓ 3900円（税別）
株式会社湯川酒造店
長野県木曽郡木祖村薮原1003-1
電話：0264-36-2030
FAX：0264-36-2711
http://www.sake-kisoji.com/

# 黒《くろ》牛《うし》

純米吟醸槽口直汲み生原酒「雄町《おまち》50」
和歌山県

和歌山県を代表する酒となり、日本酒業界を牽引しています。「黒牛」という名前だけあって、味わいは非常に力強い。特に「雄町」の純米吟醸は、やはり魚というよりは肉とか、ジューシーで力のある料理と非常に相性がいい。この酒には生と火入れがあり、火入れには味わいに輪郭が生まれてキレも生まれるんですけど、生にはフレッシュさも残る。生のほうは明朗で滑らかなタッチが続くのが特徴です。元来が骨太な酒であるにもかかわらず、フレッシュであるというところがウリですね。

1・8ℓ 3200円（税別）
株式会社名手酒造
和歌山県海南市黒江846
電話：073-482-0005
FAX：073-483-3456
http://www.kuroushi.com/

## 作《ざく》

prototype-N
三重県

「作」のプロトタイプシリーズっていうのがあるのですが、大変個性的です。Nは中取りのNという意味です。山田錦50パーセントの中取り部分をじかに汲んでいるので、火が入っているにもかかわらず、微炭酸感を含んでフレッシュ感があるんです。つややかなフレーバーが楽しめる酒ですね。酒としての深い味わいと伸び。こちらの蔵元の酒は、基本的には味わい的に綺麗な酒なんです。綺麗なりの深い味わいが楽しめますね。飲んだ瞬間に、作り手の熱い思いが伝わる価値のある酒ですね。

1.8ℓ 4200円　720㎖ 2100円（税別）
清水清三郎商店株式会社
三重県鈴鹿市若松東3-9-33
電　話：059-385-0011
FAX：059-385-0511
http://zaku.co.jp/

## 志《し》太《だ》泉《いずみ》

入魂純米吟醸「兵庫産山田錦」
静岡県

この蔵元の社長さんは、一見穏やかそうな顔をしているんですけれど、すごく熱いんです。内に秘めたものを持っている方です。「入魂純米吟醸」っていうのは、一部の酒販店のみで販売している商品で、志太泉酒造の中ではややフルーティーなタイプ。メロンやバナナのような香りの静岡酵母とリンゴのような香りの明利酵母の2種類の酵母を使います。兵庫県で作った山田錦の純米吟醸でこの価格帯というのは、いうなればお値打ち。華やかな酒というのはたくさんありますけど、本当に上品な華やかさですね。

1.8ℓ 2900円（税別）
株式会社志太泉酒造
静岡県藤枝市宮原423-22-1
電　話：054-639-0010
FAX：054-639-0777
http://shidaizumi.com/

## 七《しち》田《だ》

七割五分磨き「雄町」
佐賀県

もともと水のいい蔵で、綺麗な水を使っています。エレガントさと華やかさが、くっきりと出ています。味わいの強いタイプより、フルーティーな酒が好きだっていう人には、こちらの道の酒に進んでいただけば、間違いがない。「正当」という言葉がぴったりです。冬場に生が出るんです。秋には火の入った酒が出るんですが、両方の楽しみ方があります。米はあまり磨いていませんが、雑みがないんです。決して辛い酒じゃないんですけど、甘ったるい酒じゃない。コクのある酒です。

1.8ℓ 2400円　720㎖ 1200円（税別）
天山酒造株式会社
佐賀県小城市小城町岩蔵1520
電　話：0952-73-3141
FAX：0952-72-7695
http://www.tenzan.co.jp/

# 大《だい》治《じ》郎《ろう》

純米吟醸生原酒「山田錦」
滋賀県

滋賀県産の山田錦と滋賀県産の吟吹雪という米の2種類を使っています。リンゴのような風合いですが、力強いです。きちんと旨みがあるタイプです。旨みと酸味のコントラストが非常に素晴らしい。熟女的なエレガントさがありますね。はやりの、わりと軽めで酸が利いているキレがいいというのとは、ちょっと一線を画しています。もう少しボディがあるっていうか、味はしっかりしていて、飲みごたえがある。たくさん飲むのではなくて、おいしいものを一杯とか二杯きっちり飲みたかったら、出合ってほしい酒ですね。

1.8ℓ 3200円　720㎖ 1600円(税別)
畑酒造有限会社
滋賀県東近江市小脇町1410
電　話：0748-22-0332
FAX：0748-23-5689
HP　なし

# ちえびじん

純米吟醸「山田錦」
大分県

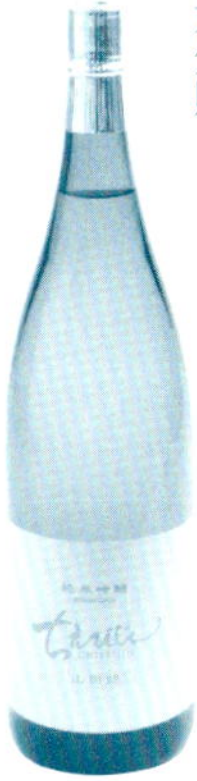

九州の酒でありながら、味わいはこのラベルのように、しごく都会的な感じですね。まさにこのイメージで綺麗で上品で華やかな感じ。蔵元が、きちんと求めているお酒のラインを突き進んでいます。年々、技術向上しているのが見て取れます。ただ、難点はひとつ、生産量が少ないことだけ。昔は名前を漢字で書いていたのですが、平仮名にしたらあっという間に現代ふうに生まれ変わった。評価が一気に高まった蔵元です。今の時代を切り取ることがこれからの蔵元には必要ですが、先頭を走っていってほしいです。

1.8ℓ 3000円　720㎖ 1600円(税別)
有限会社中野酒造
大分県杵築市南杵築2487の1
電　話：0978-62-2109
FAX：0978-63-4160
http://chiebijin.com/

# 忠《ちゅう》臣《しん》蔵《ぐら》

純米吟醸吊るし斗瓶囲い生原酒「キャトルセット」
兵庫県

「忠臣蔵」は忠臣蔵というだけあって、兵庫県赤穂《あこう》の酒です。赤穂浪士の47士にちなんで、山田錦を47％に精米しています。「キャトルセット」の意味は、フランス語で4(キャトル)、7(セット)です。深みがあってみずみずしく、なめらか。透明感がありつつ、きちんとコクの押しもあり、バナナとかバニラのようなやさしい風合いの香りを楽しめるお酒です。魚にとても合う酒になっています。蔵元がある坂越には港があり、カキの養殖をしています。タコ、穴子、シャコもたくさん取れます。女性にも人気がありますね。

1.8ℓ 4500円　720㎖ 2250円(税別)
奥藤商事株式会社
兵庫県赤穂市坂越1419-1
電　話：0791-48-8005
FAX：0791-48-8813
HP　なし

# 辻《つじ》善《ぜん》兵《べ》衛《え》

純米吟醸槽口直汲み生原酒「五百万石」
栃木県

栃木の真岡市のお酒。蔵元は常に新しいことを考えていて、最近では「燗をつけてホッコリ飲めるお酒を造りたい。そういうお酒を低価格で販売したいと、ずっと考えているんですよね」と言っていた。この槽口っていうのは、活性にごりとはまた違って、微炭酸。槽口は微炭酸で、わずかに炭酸があるから、ちょっとピリピリッと炭酸感が舌の上で踊る感じです。少しサイダーっぽい。気の抜けたサイダーという感じ。その味わいが面白いんです。サイダーっぽいのは、酒独特の発酵由来のものですね。

1.8ℓ 3134円　720㎖ 1600円（税別）
株式会社辻善兵衛商店
栃木県真岡市田町1041-1
電　話：0285-82-2059
FAX：0283-82-1170
http://www.nexttp.com/dotcom/sakuragawa/

# 奈《な》良《ら》萬《まん》

純米生酒中垂れ
福島県

純米で生原酒。夢心酒造は、福島県の喜多方の蔵元です。造りがけっこう大きいんです。米の旨み、フレッシュ感、それから適度にバランスの取れた吟醸香があって、本当においしい。どんな料理にも、上手に絡んでくれます。新酒の段階もいいんですけれど、生できちんと管理されていれば、1年越しの酒も素晴らしくおいしいです。まさに素晴らしい優等生です。でも、優等生でありながら、まったく嫌みがない。蔵元の感性とか、仕事に対する熱意が、自然に表れている酒なんですね。

1.8ℓ 2600円　720㎖ 1300円（税別）
夢心酒造株式会社
福島県喜多方市字北町2932
電　話：0241-22-1266
FAX：0241-25-7177
http://www.yumegokoro.com/

# nechi

根知谷産一等米無農薬栽培米五百万石
新潟県

根知谷というところは、もともとお米の栽培に適した棚田がたくさんあって、お米の味がしっかりと酒に出ています。日本酒として買うより、ライスワインっていう感覚で求められていると思います。この酒のすごいのは、どんな状態の田んぼで作るか？　から始まっているところ。そういう試みをしている蔵はたくさんあるけど、ここまで徹底しているのは、ほかにないかもしれません。水はけから、霧、湿気、温度のことまで徹底して管理するっていうのは、これはもう酒造りの世界じゃなくて、完全に農業です。

720㎖ 3300円（税別）
合名会社渡辺酒造店
新潟県糸魚川市根小屋1197-1
電　話：025-558-2006
FAX：025-558-2273
http://www.nechiotokoyama.jp/

# 冨《フ》玲《レー》

生酛純米「山田錦」
鳥取県

「冨玲」は一言で言って、安心して人におすすめできるお酒です。もともとは「フレー！　フレー！」とみんなを応援するお酒というコンセプトから造られたんです。「冨玲」は、加水なんですよ。加水されているぶん、飲みやすさが生まれているので、燗で飲むことをおすすめします。燗から入って、常温にして飲むのもいいですね。冷やして飲むなんて、微塵も、考えていません。旨みと辛みの調和ですね。そこに酸味が加わって、独自の世界観を作っています。

1.8ℓ 2857円（税別）
梅津酒造有限会社
鳥取県東伯郡北栄町大谷1350
電　話：0858-37-2008
FAX：0858-37-2023
http://umetsu-sake.jp

# 舞《まい》美《び》人《じん》

山廃純米中汲み無濾過生原酒
福井県

美川酒造場は、ある意味、天才ですね。毎回、予想をいい意味で裏切るお酒を出してくれる。この蔵元さんは、一見失敗したかも？と思うようなお酒が成功しちゃうんです。もちろん、成功した酒もおいしいんですよ。お酒ってやっぱり生ものだから、いろいろなアクシデントが起こる。でも、それを逆手に取ってリベンジできる。「これ、いいなぁ！」って、いつも納得させられちゃうんです。日本酒の幅の広さをぜひ、この「舞美人」で楽しんでほしいですね。

1.8ℓ 2900円　720㎖ 1500円（税別）
美川酒造場
福井県福井市小稲津町36-15
電　話：0776-41-1002
FAX：0776-41-1006
http://www.maibijin.com/

# 南《みなみ》

純米吟醸無濾過生原酒「松山三井《まつやまみい》」
高知県

松山三井は、飯米の一種です。華やかですけれど、キリッと辛めで、引き締まった味わいです。やっぱり皿鉢《さわち》料理が合いますよね。高知の人たちは酒豪の方がかなり多いので、ガッと辛みがある感じです。で、南酒造場の社長さん自身が、男気のある方で、その酒造りに対する心意気が味にしっかり出ているんです。芯が出ていて、お酒の瓶からして、角刈りしてる、ランニング・シャツを着ていそうな酒。すごい人気なので、すぐになくなってしまいます。付き合いやすい酒ですね。

1.8ℓ 2945円　720㎖ 1667円（税別）
有限会社南酒造場
高知県安芸郡安田町安田1875
電　話：0887-38-6811
FAX：0887-38-6812
HP　なし

# 明《めい》鏡《きょう》止《し》水《すい》

La vie en Rose
長野県

「La vie en Rose」は「明鏡止水」の中ではちょっと異質かもしれませんが、また新しい明鏡止水のバージョンを作り、時代を拓《ひら》こうとしていることがひしひしとつたわってきます。杜氏の大澤兄弟の二人は、「お燗にしよっ」という燗専用の酒を造り、燗酒が苦手な人たちにもアピールをしていました。そんな実験をした後、今度は、ワインが好きな女性たちをちゃんと射程圏に入れて、この「La vie en Rose」を提案してくれました。また新しい地平に行った感じがします。

1.8ℓ 2600円　720㎖ 1300円（税別）
大澤酒造株式会社
長野県佐久市茂田井2206
電　話：0267-53-3100
FAX：0267-53-3105
HP　なし

# 酔《よ》右《え》衛《も》門《ん》

純米吟醸直汲み生原酒「阿波産山田錦50」
岩手県

南部杜氏の発祥の地といわれる石鳥谷《いしどりや》町というところにある蔵元。米のポテンシャルを十分発揮したお酒を造りたいとおっしゃっています。生の直汲みとは、その旨みとフレッシュさを活かした酒です。生の直汲みは、初心者にも入りやすい。冷たくしてもいいし、温めてもいい。米の旨みと酸味の基調を楽しめる、やや濃醇タイプ。この手の酒は、他のメーカーに当てはまる酒じゃない。面白いラインです。

1.8ℓ 3900円　720㎖ 2000円（税別）
合資会社　川村酒造店
岩手県花巻市石鳥谷町好地12-132
電　話：0198-45-2226
FAX：0198-45-6005
http://homepage1.nifty.com/nanbuzeki/index.html

# 来《らい》福《ふく》

純米吟醸「八反」女子大生直汲み生原酒
茨城県

「女子大生直汲み生原酒」というとんでもなくキャッチーな名前が付いています。蔵元の後輩の女子大生が大学の研究室で勉強をしていて研修をしに来たんです。その時、この酒を蔵元と一緒に造って、このネーミングになったんです。女子大生だからじゃないけど、本当にみずみずしくて綺麗でフレッシュ。若々しいお酒。華やかなラインを楽しむお酒ですね。軽快さに華やかさが増した感じですね。

1.8ℓ 3000円（税別）
来福酒造株式会社
茨城県筑西市村田1626
電　話：0296-52-2448
FAX：0296-52-6448
http://www.raifuku.co.jp/

# この3本が熱い!!

常にチャレンジをし続ける蔵元がある。ひとところに止まらない。だけど、落ち着いて飲める酒。入手困難かもしれないですが、なんとしても知っておいてほしい3本。

## 雁《がん》木《ぎ》

純米吟醸無濾過生原酒
山口県

「雁木」の純米吟醸は、文句なしに素晴らしい。バランスが取れていて、どこへ出しても恥ずかしくないというところがある。この蔵元さんのラインアップの中では、やはり純米吟醸を一番に評価したいと思います。このお酒でおもに使用されている米は長州産で、地元の山田錦を使っています。米の旨みとそのやわらかみがあいまって、本当に調和の取れた味わいが出ています。贈り物にもいいし、デイリーユースにもいい。間違いのないお酒です。

1.8ℓ 3200円　720㎖ 1600円（税別）
八百新酒造株式会社
山口県岩国市今津町3-18-9
電　話：0827-21-3185
FAX：0827-21-3186
http://www.yaoshin.co.jp/

## 残《ざる》草《そう》蓬《ほう》莱《らい》

純米　緑ラベル　槽場直詰生原酒
神奈川県

フレッシュ感のあるお酒。で、みずみずしさと、青リンゴのような風合いが楽しめます。蔵元があるのは、神奈川県愛川町といって、相模原市のすぐ隣なんですけれど、緑に囲まれた自然豊かなところです。若い人にけっこうウケるお酒で、若い女の子たちなんか「これスルスルいっちゃう」って。生酒は特に都会的ですね。火入れになると落ち着きがあって、ゆったりとした酒ですね。

1.8ℓ 3000円　720㎖ 1500円（税別）
大矢孝酒造株式会社
神奈川県愛甲郡愛川町田代521
電　話：046-281-0028
FAX：046-281-4090
http://www.hourai.jp

## 鳳《ほう》凰《おう》美《び》田《でん》

別誂至高　大吟醸原酒
山田錦　精米歩合35％
栃木県

この酒、値段はけっこう高いですが、こんなに上品な日本酒があったのか！と驚かせてくれる。この蔵元の商品の中でも、頂点に行き着いた、そんな感じがします。きちんと酒としての香りがするんですよね。香りの高いラインの酒ですけれど、香水をつけたような香りではまったくない。まさしく日本酒の最高峰です。

1.8ℓ 8000円　720㎖ 3500円（税別）
小林酒造株式会社
栃木県小山市卒島743-1
電　話：0285-37-0005
FAX：0285-37-0807
HP　なし

# 仕込み水のたのしみ

日本酒に欠かせない仕込み水。その存在をあなたは知っていましたか?

仕込み水は酒の原材料としてなくてはならない物。酒を発酵させたり、酒母・麹などを製造する時に、穀類などの主原料とともに容器に入れる水を仕込み水といいます。

酒の味を左右するのは米と水。日本酒の約8割を占める水は重要な成分で、各蔵元は酒造りに適した水の出る場所か否かで、始める場所を判断したといわれています。

仕込み水の多くは非売品でなかなか手に入れることはできませんが、ごく一部の蔵元で販売しているところもあります。また、現地での蔵元めぐりの際、試しに味わわせてくれるところもあります。

仕込み水には、カルシウム、マグネシウムの多い硬水と少ない軟水があります。

日本各地の水のそれぞれの個性が、おのおのの蔵元の味に大きく影響をしていることは間違いありません。

今回、掲載した酒の蔵元の仕込み水を試飲し、日本茶やコーヒーをいれてみました。その一部を紹介します(茶葉、豆はすべて同一、同量を使用しました)。

**【ちえびじん】**
まったく雑みがなく、まろやかな味。ミネラルをそれほど感じない。
●日本茶　奥深くやさしい味。こんなにまろやかな日本茶になるとは!
●コーヒー　豆の苦みをちょうどよい塩梅で引き立ててくれる。

**【酔右衛門】**
ほどよいミネラルを感じる。
●日本茶　水だけの印象とは異なり、やわらかな日本茶になる。
●コーヒー　ふんわりとしたまろやかさが出る。

**【雨後の月】**
すっきり、きりり。ミネラルを感じる。
●日本茶　茶葉の味を浮き立たせている印象。
●コーヒー　ほのかに甘くやさしい味になる。

**【天吹】**
さわやかで春の息吹を感じるような味。
●日本茶　しなやかですっきりと飲みあきない味に。
●コーヒー　ミルクを入れるほうが味わい深くなる。

**【大治郎】**
いい感じでちょっとひねったような懐かしい味。
●日本茶　ひねりが日本茶の渋みと調和する。
●コーヒー　アイスコーヒーにしたら、とてもおいしい。

普段、飲んでいる外国のミネラル・ウオーターとはひと味違った日本の水の魅力を味わうことができます。

もし、どこかで仕込み水に出合える機会があったら、ぜひ一度味わってみてください。

# 魚介類インデックス

**魚柄仁之助**（うおつか・じんのすけ）

食生活研究家。1956年福岡県生まれ。生家は大正時代から続く古典料理屋。独自に収集した戦前から戦後にかけての資料をもとに、日本の食文化の変遷を研究し、そこに息づく「食の知恵」を日々実践し続けている。おもな著書に『ひと月9000円の快適食生活』『冷蔵庫で食品を腐らす日本人』『食べ物の声を聴け!』『料理に関する七つの教えと実践レシピ百八つ おいしいごはんはこう作る』など多数ある。

# 魚《さかな》でつくる絶品《ぜっぴん》つまみ

## 人生《じんせい》が楽《たの》しくなる86の肴《さかな》と29の銘酒《めいしゅ》

印刷 2015年2月5日
発行 2015年2月20日

著者 魚柄仁之助
発行人 黒川昭良
発行所 毎日新聞社
〒100-8051
東京都千代田区一ツ橋1-1-1
出版営業部 03-3212-3257
図書編集部 03-3212-3239

印刷 東京印書館
製本 大口製本

アートディレクション＆デザイン
間野 成
撮影
中村琢磨
イラスト
梅本 昇
校正
有賀喜久子
編集協力
三上 亮
堀込和佳
引田匡史
熊谷結花
大谷智通

本書は2000年4月8日刊行の『今夜の魚 呑む銘酒』、
2001年4月15日刊行の『続 今夜の魚 呑む銘酒』
（どちらも毎日新聞社刊）を合わせて改題・改編・加筆したものです。
掲載されている情報は、2015年1月30日現在のものです。


ISBN978-4-620-32301-5